독서가 답이다

읽지 않는 삶에서 벗어나라

독서가 답이다

초판 1쇄 발행 | 2017년 12월 22일

지은이 | 이영호
펴낸이 | 공상숙
펴낸곳 | 마음세상

주 소 | 경기도 파주시 한빛로 70 507-204

신고번호 | 제406-2011-000024호
신고일자 | 2011년 3월 7일

ISBN | 979-11-5636-183-1 (03190)

원고 투고 | maumsesang@nate.com

ⓒ 이영호

* 값 13,200원

* 마음세상은 삶의 감동을 이끌어내는 진솔한 책을 발간하고 있습니다. 참신한 원고가 준비되셨다면 망설이지 마시고 연락주세요.

국립중앙도서관 출판예정도서목록(CIP)

독서가 답이다 / 지은이: 이영호. – 파주 : 마음세상, 2017
  p. ; cm

ISBN 979-11-5636-183-1 03190 : ₩13200

독서[讀書]

029.4-KDC6
028-DDC23   CIP2017031583

독서가 답이다

이영호 지음

마음세상

들어가는 글

'독서가 답이다' 라는 제목으로 글을 쓰니 뭔가 말로 표현할 수 없을 만큼 마음의 진동이 느껴졌다. 지금까지 책을 읽으면서 살아온 삶을 진솔하게 적어보자고 다짐한다.

사람들은 글을 쓴다는 것에 대해 막연한 두려움을 가지고 있다. 나 또한 매우 공감한다. 이은대 작가님을 만나고 나서부터 두려움보다는 진솔한 자기 생각의 느낌을 표현하라는 가르침에 충실히 하고자 한다. 나는 오직 나만의 글쓰기를 통해 오늘도 한 걸음 성장하고 누구를 위해서 사는 것이 아니라 나 자신을 위해서 살아보자는 마음가짐으로 글을 쓴다.

누구나 글을 쓸 수 있다는 것을 공유하고 싶다. 글 쓰는 것을 거창하게 생각하지 않아도 누구나 자신의 이야기를 느낌 그대로 쓰면 글이 된다는 말해주고 싶다. 내가 쓰면 이 글을 읽는 당신도 쓸 수 있다는 자신감을 심어주고 싶다. 자신의 한계를 미리 정하지 않으면 된다. 삶은 생각에서 출발한다. '할 수 있다' '할 수 없다' 라고 스스로 굴레를 씌워 시도조차 하지 못하게 된다. 또한, 스스로

'할 수 없다'라는 결론을 내고 합리화한다. 굴레는 스스로 만든다.

　구글에 '글쓰기'라고 입력하면 약 1억 삼천만 건 이상이 검색된다. 많은 관심을 받는 키워드다. '독서법'을 치니 7십만 건 이상의 관련 사항이 검색된다. 그만큼 사람들의 관심을 받는 책에 관련된 주제어의 양이 상당하다. 하지만 자료 검색을 통해 읽고 감상하는 데 그친다. 물론 나 역시 마찬가지였다. 우연한 기회에 이 작가님의 교육을 받고 처음 글쓰기를 시작하게 되었다.

　이제 내 이야기를 하겠다. 나는 베이비붐의 마지막 세대다. 먹고 살기 위해 여러 회사를 전전했다. 하지만 나이 드니 써 주는 데 없어 부정적인 생각에 파묻혀 삶의 의욕마저 잃은 적도 있었다. 2016년 12월을 마지막으로 샐러리맨 생활을 끝냈다. 잡생각에서 벗어나고자 3개월 내내 도서관에서 시간을 보냈다. 매일 책을 읽었다. 독서는 즐거웠지만 부족함을 느꼈다. 발전적으로 변화하겠다는 마음가짐 없이 일상적인 반복에 익숙해진 것이다.

　새로운 도전을 하기 위해 2016년 4월 말에 일인 지식기업 전문가 과정을 수강했다. 본 과정의 운영자인 정진일 대표님은 '꿈이 없는 놈, 꿈만 꾸는 놈, 꿈을 이루는 놈'의 책 저자이면서 지식 에듀테이너이다. 그 명성을 페이스북을 통해서 들었기에 만남에 대한 기대가 컸다. 그렇게 15명의 쟁쟁한 멤버들과 만났다. 실질적으로 자기 브랜드를 가지고 업을 이어가는 사람, 더 나은 자기 브랜드를 만들기 위해서 시작한 사람, 또 다른 업을 위해 도전한 사람 등 여러 부류가 있었다. 그들의 이야기도 다양하다. 지금껏 내가 살아온 삶이 온실 안의 화초였음을 새삼 깨달았다. 게다가 디지털 시대에 따라가기 힘들 정도의 어려움도 있었다. 하지만 동기들의 도움으로 과제물을 제때 내면서 조금씩 적응해갔다. 이제는 배울 '擧'에 중점을 두었으니 다시 재교육하는 과정에서는 익힐 '習'에 중점을 두자고 다짐했다.

평범한 직장인이었던 나는 글쓰기에 도전한다는 것 자체에 마음의 위안을 느껴 글쓰기를 시작했다. 하지만 나의 글쓰기는 지속적이지 않았다. 끊어졌다가 이어지곤 했다. 지식전문가 과정의 칼럼 쓰기 시간에 조금 써 본 것 외에는 따로 특별히 한 활동이 없다. 다만 자판을 두드리며 한 자씩 써 내려가는 것에 집중했다.

그런데도 내가 글쓰기에 도전하는 것은 나만의 브랜드를 갖기 위해서 반드시 있어야 할 첫 번째 도전 리스트이기 때문이다. 글은 누구나 다 쓸 수 있다. 내가 쓰면 당신도 쓸 수 있다. 나는 이전에 책을 써본 적이 없다. 글쓰기로 상을 타거나 칭찬 받은 기억도 없다. 내세울 것 없는 나였기에 글쓰기에 도전해 보라고 말해본다. 글쓰는 재능은 없더라도 순간순간의 느낌이나 감정에 충실하다 보면 문장이 써지고 문단이 만들어진다. 사전에 책 읽는 습관이 만들어진다면 누구나 가능하다. 그러니 당신도 포기하지 마라. 누구에게나 기회가 찾아온다.

글쓰기에 집중하면서 잡생각에서 벗어나고 마음의 평안함을 느낄 수 있었다. 이 평온한 감정을 함께 공유하고 싶다. 그냥 이루어지는 것은 없다. 잘 쓰기 위해서는 좋은 책과 글을 많이 읽어야 한다. 과거 10년간 책을 읽었다. 책만 읽다 보니 정체된 기분이 들었다. 때로는 읽기에만 충실한 나머지 변화 없는 내 모습에 압박도 받았지만 생각의 크기는 점점 커져가고 있었다. 물론 잘 쓰기 위해서는 잘 읽어야 한다. 독서는 훌륭한 인풋이다. 독서의 중요성은 책을 쓰면서도 깊이 공감한다. 아리스토텔레스는 '세상에 새로운 것은 없다'라고 말했다. 세상에 나온 글에 내 생각을 조금씩 변형하고 각색할 뿐이다.

베이비붐 세대여! 사오십대 직장인 세대여! 나도 교육을 통해 미션을 만들고 그에 따라 자기 성장과 행동 변화를 끌어냈다. 세상에 선한 영향력에 끼치고자 하는 나의 간절한 마음을 이 책에 담았다.

들어가는 글 … 7

제1장 대한민국 독서 현실

일인당 연평균 독서량 9권 … 17

스마트폰의 잠식 … 21

위태로운 인성 … 25

출판시장의 한계 … 29

생각의 변화 … 34

행동의 변화 … 40

나로부터의 변화 … 45

제2장 왜 읽지 않는가

빨라도 너무 빠른 세상 … 56

정보 습득 방법의 다양성 … 62

머리 쓰기 싫은 사람 … 67

읽지 않아도 잘 산다? … 71

관성에 익숙하다 … 76

시간을 다시 활용해 보자 … 80

읽어서 양면을 보자 … 85

제3장 독서의 힘

종이책의 위력 … 93

시대가 발전할수록 읽어야 산다 … 98

읽고, 생각하고, 글쓰기 … 104

꾸준함을 유지하자 … 108

일기와 쓰기 부담에서 벗어나기 … 112

독서가 행복함의 원천이다 … 117

제4장 반드시 읽어야 한다

경험과 지식의 총체적 저장고 … 127

시련과 고통을 견디는 힘 … 132

'나'를 만나는 시간 … 138

성공한 사람들의 공통점 … 145

날마다 누적 효과 … 150

읽으면서 생각한다 … 156

읽으니까 행동이 변한다 … 163

제5장 책 읽는 삶을 위하여

독서 습관은 어릴 때부터 … 174

나이가 들수록 책을 읽어라 … 180

나는 매일 책을 읽는다 … 186

생각하는 힘 … 192

읽은 것을 공유하자 … 198

독서 습관이 세상을 밝게 한다 … 204

독서가 내 행복을 키워준다 … 210

마치는 글 … 216

제1장
대한민국 독서 현실

독서에 관심을 두고 꾸준한 습관으로 자리 잡게 된 계기가 있었다. 2007년도 쯤 '행복경영 이야기'의 전자우편 서비스로 매일 같이 좋은 문장을 접했다. 그때 읽은 문장들이 내 마음을 움직였다. 그때 본격적으로 독서를 해보자고 마음먹게 되었다. 사내 2박 3일 리더십 교육 현장에서 'Leader는 Reader여야 한다.'라는 한 문장이 마음속 깊이 들어왔다. 그때부터 책을 보기 시작하여 나의 독서이력은 10년 차에 들어섰다. 윌리엄 제임스는 "사람은 생각대로 움직인다."라고 말했다. 정말 생각이 움직이니 행동이 따라왔다.

우리나라 독서 현실은 2015년 문체부 발표에 의하면 연 9.1권이라고 한다. 선진국과 비교하면 대략 8배 이상 적은 양이다. 책 읽는 사람이 많을수록 세상은 더욱더 집단의 지혜를 이룰 수가 있는데 유달리 일등이 목표고 생존 게임에 시달리며 살다보니 독서를 소홀히 한다. 책을 안 읽어도 사회생활에 문제없다. 또한 입시에 관련된 논술이나 기능적 위주의 독서를 하는 10대들도 있다. 좋은 습관을 기르기 위해서는 지속적인 노력이 필요하다. 책 읽는 사람들이 점점 더 많아질수록 분명 대단한 발전을 가져올 것이 분명하다.

집 가까이에 도서관이나 서점이 있으면 매우 좋다. 주말의 일과도 달라진다. 책은 쉽게 접할 수 있는 환경이 되면 더욱 좋다. 독서는 부모들부터 솔선수범하면 아이들에게 좋다. 하지만 현실적으로 일에 치여서 혹은 시간이 없어서 책을 읽기가 쉽지 않다. 책을 읽지 못하는 이유는 어쩌면 셀 수 없이 많을 수도 있다. 하지만 모든 것은 나로부터의 변화가 되어야 출발할 수 있다. 내 마음의 각오가 단단해야 조금씩 변화 성장할 수 있듯이 오래 동안 습관을 들이기 위한 과정이 필요하고 지속하느냐 포기하느냐에 따라서 좋은 습관이 만들어질 수 있다.

"활자를 더 많이 읽어야 뇌가 발달합니다. 인간의 아름다운 이해력을 지켜가려면 디지털 화면에서 멀어져 책의 세계에 빠져야 합니다." 베스트셀러 '책 읽는 뇌'(2007)의 저자 매리언 울프(Maryanne Wolf) 미국 터프츠대 교수는 "많이 읽어야 성공한다."고 말했다.

지난해 국내 성인 독서율은 65%이다. 1994년의 성인 독서율은 86.8%였다. 과거엔 1년에 책을 한 권도 읽지 않는 어른이 10명 중 한 명 남짓했으나, 지금은 3~4명에 이른다는 얘기다.

한국사회에서는 학연, 지연, 혈연의 집단 문화가 강하다. 왕따를 당하지 않기 위해서 다른 의견을 내는 것을 두려워한다. 그러다 보니 타인과의 건전한 토론을 통한 개인 의견을 제시하고 받아들이는 것에 약하다. 토론할 때도 목소리 큰 사람이나 최고 책임자가 끌고 가는 경우가 많다. 또한 얼굴을 붉히는 경우가 왕왕 있다. 의견이 다르다고 틀렸다고 적으로 간주하는 회의 문화는 정말 바뀌어야 한다.

책을 읽으면 조금씩이라도 변하게 되어 있다. 자기 자신에 대해 생각을 많이 하게 되며 인생에 주인은 자기 자신이라는 것을 깨달을 가능성이 높다. 그러니 조직의 리더부터 책 보는 습관을 들이고 공부하는 문화를 만들어야 기존의 관성을 타파할 수 있을 것이다.

나 자신도 바꾸기 힘든데 누굴 바꾸겠는가? 각 개인이 동기 부여가 되어 일상의 루틴에서 벗어나 생각의 변화가 일어나야 한다. 4차 산업혁명 시대에는 단순한 지식은 무용지물이 된다. 책 읽는 습관을 통해서 지식이 바탕이 되면 자기 생각을 갖는데 유익하다.

미국의 시카고 대학에서는 4년 내 고전 100권 읽기를 한다고 한다. 영국의 이튼 스쿨은 리더를 양산하여 사회나 국가에 기여하는 리더를 배양한다. 우리도 바뀌어야 한다. 빅 데이터, 인공지능, IT 기술은 상상 이상으로 변화가 빠르다. 미래학자들은 불과 5년 내이면 또 다른 세상이 올 거라고 예상한다. 우리나라는 급속한 경제 성장도 이루었다. 세계에서 경제 규모 10위권이다. 더 큰 도약을 위해서는 변화가 필요하다. 수업 방식도 바뀌어야 하고 직장 내 문화도 바뀌어야 한다. 그 첫 번째 조건이 리더가 '공부하는 리더'가 되어야 한다. 윗사람의 변명은 당연하고 아래 사람은 무조건 따라야 한다는 획일주의도 개선되어야 한다.

일방적으로 강사가 외워서 말하는 강연은 마음을 흔들기 어렵다. 공감대가 생겨야 동기 부여도 가능하다. 하버드대 졸업생의 '50년 삶의 스토리 연구'에서도 목표를 쓰고 실행한 사람들이 조사 대상 전체 부의 90%를 이루었다고 하니 경험적 통계치는 의심의 여지가 없다.

최근에 본 근대 교육 비판 동영상을 보면서 얼마나 가슴이 뭉클했는지 모른다. 읽어야 변한다. 입력인자를 다양화해야 한다. 배움의 즐거움은 타인에게 영향을 미친다. 100세 시대를 살아가는 재미를 공부하는 즐거움에서 찾아 주변에 가르치고 자기 자신도 성장하면서 조금 더 행복한 삶을 살았으면 하는 바람이다. 교육의 목적은 아는 것을 실행하는 데 있다. 개인부터 시대의 흐름을 알고 먼저 행동으로 실천해야 한다. 아무런 자극이나 동기 부여 없이 생각을 출발할 수 없듯이 자기가 좋아하는 분야부터 생각의 크기를 확대하도록 독서가 이루어져야 한다. 개인도 자기 관성에서 벗어나기 어렵듯이 사회적 변화도 기존 현실의 관성 때문에 변화되기 어렵다. 그래서 내가 먼저 변하면 주변의 사람들도 영향력으로 받아 변화할 수 있다.

교육 현장은 150년 전이나 지금이나 학생 수만 변동성이 있을 뿐이지 거의 차이가 없다. 정해진 답을 있는 걸 선생님이 일방적으로 발표하고 학생들은 받아 적고 교육 현장의 변화가 없다. 현실은 어떤가? 천편일률적으로 답을 가르치는 교육은 대량생산에 적응하기 쉬운 노동자만을 양성하려는 방법이다.

지금처럼 정답이 없는 4차 산업 혁명 시대에는 책 읽기가 가장 기본이 되어야 한다. 마차에서 운전자 없이 주행하는 자동차가 등장하고, 석유 연료에서 전기에너지로 변화하는 등 기술의 진보는 월등해지는데 삶에 대한 학교 교육은 큰 변화가 없다. 그 대안이 바로 책 읽기다.

독서를 통해 인생의 주체는 자신임을 알게 한다. 다양성과 창조성이 요구되는 시대의 요구에 맞도록 하기 위해서는 정답만을 찾기 위한 공부, 암기 위주의 공부방식은 갈수록 무의미해진다. 다른 생각이 연결되어 새로운 아이디어를 만들어 내어야 한다. 정답이 한길만이 아니다. 새로운 길을 만들어 다양성이 창조의 새로운 원천임을 알 수 있도록 인지하는 것도 독서가 그 바탕이 된다.

일 인당 연평균 독서량 9권

　우리나라의 평균 독서량을 구글에 검색해보니 생각보다 적게 나왔다. 그 이유는 무엇일까? 아마도 어려서부터 자연스러운 독서 습관을 들이지 못했기 때문인 것 같다. 입시에 목매다 보니 독서는 좋아하는 사람들의 기호품이 되어버린 것 같다. 나 역시 학교에서 책 읽기를 숙제로 내줄 때만 책을 읽었다. 그 외에는 전혀 읽지 않았다. 다만 성인이 되어서 조금씩 책을 읽기 시작했을 뿐이다. 20년 전만 해도 성인 인구 중 10명 중 1명 정도가 책을 전혀 보지 않았다. 하지만 지금은 성인 중 3~4명은 책을 전혀 보지 않는다고 한다. 그러니 전체 평균율은 낮아질 수밖에 없다. 10년 전에는 나도 책 한 권 읽지 않았으니 할 말은 없다. 하지만 지금은 책을 통해 나에 대해서 생각하는 시간이 많아졌다. 어떻게 살아야 할지에 대해 스스로 질문을 던져보게 되었다. 나도 모르게 책을 읽으면서 변화가 생겼다. 그전에는 타인의 시선에 맞춰 타인이 나를 어떻게 바라보는지에 중점을 두었다면 이제는 내가 나에게 질문하고 답을 찾으려 한다. 그러다 보니 '시간 경영'이 가능해진다. 무의미보다 의미를, 무가치보다는 가치를 찾다 보니 잡생각도 줄었다.

하지만 책 읽는 사람보다도 스마트폰에 눈길을 주는 사람들이 훨씬 더 많은 듯하다. 지하철에서 책을 보고 있는 사람은 어쩌다 한두 명 정도 볼 수 있다. 책 읽는 기쁨을 느끼면 더 행복하고 감사하며 세상을 바라보는 눈을 가질 텐데 안타깝다. 물론 나도 스마트폰을 보긴 한다. 그래도 책을 보려고 노력하자. 외출할 때는 항상 책을 가지고 다니자. 그래야 언제든 볼 수 있다. 스마트폰을 자주 보는 것도 언제든 가지고 있어 쉽게 볼 수 있기 때문이다.

생각의 차이를 인정하면 다양성이 나온다. 회의할 때는 가만히 있어도 중간은 가니까 다른 의견, 새로운 의견을 내는데 소극적이다. 이러한 분위기가 점진적으로 좋아지고 있지만 어쩔 수 없이 잔존한다. 4차 산업혁명 시대가 도래한다. 각 개인의 생각 차이를 존중하고 배려해야 한다. 그리고 그 속에서 서로 융합하고 협력해야 한다. 이제 '끼리끼리' 문화는 구시대의 산물일 뿐이다.

또한 '빨리빨리'의 즉흥 문화도 개선되어야 한다. 단시간에 성과를 보여주는 문화에도 변화가 생겨야 한다. '빨리빨리'가 단시간에 발전을 이루었지만 한계가 있다. 이제는 바뀌어야 한다. 그 첫 번째 조건이 책 읽기다. 독서로 작가의 생각과 교감을 이루고, 작가의 의도에 공감하며 자신만의 거울을 갖게 된다. 인풋이 많아야 아웃풋이 나온다. 독서는 최고의 인풋이다.

그다음은 쓰기다. 읽고 쓰는 것은 서로 떨어진 것이 아니라 하나라고 볼 수 있다. 나는 책을 읽은 후 간단히 작가의 의도나 내 생각을 정리하는 정도만 써보곤 했다. 그 이상은 써본 적은 없었다. 하지만 쓰기에 집중하면 새로운 문이 열린다. 쓰는 동안에는 자판에만 매달린다. 딴생각이 있으면 쓸 수가 없다. 몰입하는 강도가 높을수록 점점 푹 빠져들게 된다. 글쓰기가 막연하다면 평소 일기를 쓰고 서평을 쓰면 도움이 된다.

스스로 자꾸 물어보는 연습을 하자. 스스로 변하면 세상도 변한다. 책 보는 습관을 들이자. 책 읽는 즐거움을 아는 순간 시야가 달라진다. 생각의 크기도 점점 커진다. 긍정적인 마음이 생기며 세상에 무언가 기여하고 싶은 마음이 생긴다. 내 경우 독서를 통해 생각해낸 핵심 키워드는 '사랑'이다.

매년 갈수록 떨어지는 독서량이 안타깝다. 시대 흐름의 변화 속에서 자기 인생, 자기 주도권을 갖기 위해서 독서 습관을 길러야 한다. 다양한 삶을 선택하는 데 있어서 책만큼 유용한 도구도 없다. 다만 독서 습관을 만드는 것이 쉽지 않다. 평범한 사람이 더 나은 사람으로 변화될 수 있기에 스스로 독서 습관을 만들어야 한다. 성공한 사람일수록 꾸준한 독서가 몸에 배어 습관적으로 책과 함께 한다. 평범한 사람들이 조금씩 성장하기 위해서는 좋은 습관을 만드는 연습이 필요하다. 아주 작은 습관이 차이가 비범함과 평범함의 차이를 만든다. 나를 위한 책 읽는 습관이 어제보다 나은 자신을 만들 수 있다. 독서 습관은 스스로가 동기 부여되어야 지속할 수 있다. 그렇게 읽는 양도 늘어날 수 있다. 처음에는 한 권으로 시작하면 된다. 습관만 생기면 양은 자연스럽게 늘어날 수 있다.

우리나라의 꾸준한 독서 인구가 대략 오 백만 명이다. 그중 약 10% 인구가 꾸준한 독서량을 유지하고 있다. 스마트폰이 일상화된 현재에서는 모든 것이 쉽고 빠른 것만 원하고 찾고 있다. 오랫동안 지속하면서 시간을 투자해야 하는 활자 문화에 익숙해지기 어렵고 힘들다. 쉽게 빠르게 접속된 것일수록 뇌 속에는 남는 것이 없다. 겉으로 드러난 외적 모습 현상에만 집착하게 된다. 그것에서 벗어나기 책 읽는 양을 늘려가면 된다. 물론 양이 중요한 것은 아닐지라도 인풋의 양이 어느 정도 되어야 내면의 본질을 찾아가는 과정을 조금씩 늘려갈 수 있다. 무엇이 중요하고 덜 중요한지도 판단하는 기준 선택도 결국은 자신이 결정해야 한다. 나 자신을 위한 최선의 투자는 책 읽기다.

20세기에서 21세기는 자기 의사 표현의 시대이다. 누구나 자신을 표현할 수 있기에 필요성이 부족하다면 책으로 찾아갈 수 있다. 물론 빠른 검색에 의한 단편적인 것도 있지만 본질은 항상 책의 지식 속에 있다. 풍부한 독서는 4차 산업 혁명 시대 밑거름이 될 거라고 확신한다.

4차 산업혁명 시대의 키워드는 '인간 중심, 공존, 다양성, 협력, 공감, 감성, 상상력, 창조'라고 나름 정리해 본다. 책을 통해 개인의 창조력을 기른다. 그리고 집단 지성의 힘으로 다양한 사회 문제도 해결한다. 시민들의 성숙한 공동체 역할은 사회에서 큰 축을 담당할 것이다.

책 읽는 사람들이 많아지고 공부하는 공동체를 형성할수록 개인도 책을 통해 행복감을 느낄 것이다. 모여서 강연을 들으며 주변 사람들에게 선한 영향력을 끼칠 수 있는 기회가 된다. 서로에게 동기부여가 되는 선순환 구조를 이룰 것이다. 새로운 독서 인구가 유입되면서 독서량은 서서히 늘어날 것이다.

나는 개인적으로 독서량에는 큰 의미를 두지 않는다. 다만 21세기는 책과 친해지지 않으면 행복의 원천을 무엇으로 찾을지 우려한다. 배우는 기쁨이 얼마나 큰지 경험해보지 않으면 모른다. 독서는 가정에서부터 시작해야 한다. 부모가 솔선수범하면 아이들은 자연스럽게 배우고 따른다. 어릴 때 몸에 밴 습관은 성인에 이를 때까지 이어진다. 자연스럽게 책 읽는 고정층에 합류할 가능성이 높다.

스마트폰의 잠식

우리나라의 스마트폰 사용률은 거의 80% 이상이다. 지하철에서 승객들을 보면 상당수가 스마트폰에 집중한다. 정말 많은 사람들이 사마트폰을 사용한다. 그러다 보니 그에 따른 여러가지 문제도 생긴다. 특히 게임은 재미있고 웹툰은 업청난 속도로 인기를 얻었다. 스마트폰이 주는 신속함에 비해 독서는 많은 시간을 소요한다. 독서 습관을 들이기 어렵지만, 활자는 뇌에 지속적인 영향을 미쳐 그 활용도를 높일 수 있다.

일방적으로 매체에 의존하기보다 스스로 생각할 수 있는 능력을 키우기 위해서는 독서가 필요하다. 스마트폰으로 눈이 가고 핸드폰이 없으면 불안해하는 의존적인 생활에 익숙해졌다. 하다못해 자기 집 전화번호도 터치로 번호를 찾기도 하는데, 이는 기기의 발전이 기억력을 감소시킨다. 요즘 전화번호를 20개 이상 기억하는 사람이 얼마나 될까? 그렇게 많지는 않을 것 같다. 기기에 의존했던 결과다. 가끔은 스마트폰 없이 지내다 보면 혹시 중요한 전화나 받지 못하거나 정보를 전달 받지 못해 안절부절 하면서 다시 스마트폰을 찾게 된다. 기기에 의존하지 않더라도 의도적으로 관리할 필요가 있다. 요즘처럼 매체의 일방적 전달을 받아드릴 수밖에 없는 현실에서 자기 생각을 하기 위해서는 스마트폰을 의식적으로 관리해야 한다.

전 세계적으로 영상 매체가 발달하면서 종이책의 수요는 줄어들었다. 하지만 세계적인 석학들은 강연을 통해 독서의 중요성을 말한다. 국민의 독서 참여 능력은 나라의 발전에 큰 영향력을 미친다. 유럽의 선진국은 철저히 책을 통한 교육한다. 학교 수업에서는 주제에 맞춰 자기 생각을 정립해야 토론할 수 있다. 늘 책과 함께 하는 인식이 공유되어 있다. 우리가 배울 점이다.

초등학교, 중고등학교 교육에서 입시나 성적, 기능 위주로 흐르다 보니 나의 생각을 정립하거나 타인과 토론하는 것에 빈약해진다. 나와 다른 생각을 경청하고 교감하는 소통 기술은 중요하다. 겉으로 드러난 외면이 중심이다 보니 거짓말을 너무 쉽게 하거나 겉과 속이 다른 행동을 한다. 책을 통해 배우게 되면 언행일치가 몸에 스며든다. 책에서 배운 잔잔한 내면의 아름다움은 자연스럽게 흘러나온다.

나부터 바뀌면 사회는 조금씩 바뀐다. 그 첫 과정이 책 읽기다. 인터넷이나 전자책으로는, 종이책이 주는 지식과 두뇌계발, 정서안정을 얻을 수 없다는 결과가 속속 나오고 있다. 책은 다른 사람이 아닌 나 자신을 위해서 읽어야 한다. 독서는 스스로 변화할 수 있는 가장 좋은 방법이다.

스마트폰은 즉흥적이고 빠르다. 그래서 다른 생각을 하기가 힘들다. 쉽게 접할 수 있으니 가짜 뉴스도 쉽게 전달된다. 이를 구분할 수 있는 일반 사람은 많지 않다. 나 역시도 스마트폰에 나온 뉴스를 설령 유언비어일지라도 믿는 경향이 종종 있다. 이게 보통 사람들의 이야기다.

기술의 진보도 결국 사람을 위한 것이다. 도구를 제대로 활용키 위한 첫 번째가 자기 생각을 하는 것이다. 그리고 다른 항목과 융합하는 능력이다. 글자를 통한 사유 능력은 지면을 통한 책 읽기에서 길러진다. 무엇보다도 문제는 현대인이 스스로 생각하기를 싫어한다는 것에 있다. 점점 스스로 선택하고자 하는 의지가 부족해진다. 정해진 것이 있다면, 굳이 다른 의견을 낼 필요 없이 기존 틀에 따르려고 한다. 나는 책을 살 때 선택의 기준을 제목에 둔다. 겉표지만 보고 고르다가 후회를 하면서도 잘 바뀌지 않는다.

작년부터는 온라인을 통해서 책도 구매하는 편이다. 그것도 사전에 주변의 추천이든지 자체 신간 책 종류의 촌평이라도 사전에 확인 후 한 달에 한 번씩 구매하는 편이다. 그러다 보니 오류는 많이 적어진 편이다. 하지만 책은 일단 사고 보라는 게 내 개인 철칙이다. 어느 책이든 최소한 다른 사람에게 좋은 감동이나 성장에 영향력을 주었다면 책의 유용성은 다 한 것이다. 이것이 활자 책의 유용성이라고 생각한다. 그래서 내가 글을 쓰는 이유이기도 하고 처음 배울 때부터 그렇게 배웠다. 글쓰기에 대해서 두려워하지 말라고 실용서는 누구든 자기의 감정 있는 그대로를 자판으로 두드려 쓰면 된다고 자꾸 글짓기를 하려니 어려운 것이라고 배웠다. 한 문장을 써도 어제와 오늘이 그 날의 상황과 자기 생각에 차이가 있듯이 각자 생각에 따라서 다른 문장이 나오기 때문이다.

스스로의 자각이 필요하다. 기기에 의존하면 기기의 노예의 노예가 된 것은 아닌지 의심해봐야 한다. 스스로 항상 주체임을 인지해야 한다. '좋아요'의 숫자에 마음이 흔들리거나 그것에 반응하는 모습을 보면 타인에게 의존적인 일상이 보인다. 이 역시도 내가 주체가 아닌 객체로서의 삶에 길들어 있는 셈이다. 구글 검색을 통해 최근 중학교 3학년생의 성취도 조사를 보았다. 국어 학업 성취도가 3년 전보다 떨어졌다는 분석이 나왔다. 청소년들의 스마트폰 사용량

증가와 독서량 감소 등이 원인으로 꼽히고 있다.

학교 내에서부터 다시 시작되어야 한다. 선진국의 기본 과제는 읽기와 쓰기다. 우연한 기회에 페이스북에서 프랑스 대입 고사 논술 문제를 보았는데 대학교수들도 쩔쩔맬 수 있는 철학적 소양을 묻는 문제였다. 순간 정신적 혼란이 왔다. 전혀 나 스스로가 준비가 안 된 것이다. 보통 사람들도 마찬가지일 것이다. 뭔가를 정리하고 나름 자기 의견을 정립하고 반대의견에 대해 의견을 개진하고 더 나은 활동을 위해 무엇을 할 수 있을지를 생각할 수 있어야 한다. 특히 스스로 리더가 되기 위한 과정에서 읽기와 쓰기는 미래를 위한 사전 준비 활동이다. 읽기와 쓰기는 현대를 살아가야 할 교양을 지니고 더불어 가치 있는 삶을 위해서는 기본이 되어야 한다. 그래야 제대로 소통할 수 있다. 상대방에 대한 예의라든지 인간이 삶을 행복하게 살아가기 위한 도구를 제대로 사용할 줄 아는 자질을 학교에서 배우는 것이 중요하다.

아이들 세대에는 자연스러운 물적 풍요뿐 아니라 정신 가치의 풍요도 같이 누릴 수 있는 조금 더 전진하고 성장하는 사회가 되었으면 한다.

위태로운 인성

스마트폰과 인성은 관계가 있을까? 나는 전적으로 관계가 있다고 본다. 인성은 흔히들 타고난 심성쯤으로 보통 생각한다. 아니다. 인성이야 말로 철저히 교육되어야 한다. 그러면 그 지혜는 철저히 사람에서 사람으로 연결되어 전수된다. 공자는 "배우고 익히면 즐겁지 아니한가." 라고 말했다. 처음에는 무슨 말인 줄도 몰랐다. 책 읽는 즐거움 스스로 깨달음 인식하고 나니 배울 學에 대해 다시 생각해보고 익힐 習도 새롭게 와 닿았다.

인성은 학습의 산물이라고 했던 이유는 사람이 살아가면서 더불어 살아가는 것 세상을 더 이롭게 하는 것 홍익인간의 산물처럼 인성을 제대로 갖추면 더 행복한 사람이 되기 위한 하나의 과정이라고 생각한다. 자기 중심에서 이타적인 마음을 갖는 것이 더 주변을 행복하게 하고 내가 행복해지는 비결이다. 그럼에도 불구하고 자기 중심적인 생각에 빠져 조금도 손해 보지 않으려는 태도를 보인다. 물질 만능시대, 돈이 최고가 된 이 사회에 나 자신부터 이기적인 생각을 버리고 더 큰 이타적인 생각으로 하기 위한 첫 번째 방법이 인성이라고 생각한다. 천성이라고, 변하지 못한다고, 어쩔 수 없는 성격이라고 넘길 것이 아니다. 누구나 훈련과 학습을 통해서 제대로 배우고 실천하게 되면 인성도 발전할 수 있다.

인성은 학습의 산물이다. 좋은 습관으로 자리 잡지 못하면 인간 본연의 자기 중심적인 성향이 나올 수 있다. 꾸준한 학습이 필요하다. 그러기에 어려운 것이다. 인성은 생각과 감정을 통합해서 올바르고 아름답게 아우르는 감성 지능이며 내적 최고의 역량이다. 지속하여야 할 습관이기에 어렵고 힘들다.

스마트폰이 왜 인성에 악영향을 줄까? 제일 먼저 자기 혼자의 영역에 익숙해지는 점에 있다. 자기중심적 성향으로 흐를 가능성이 높다. 혼자의 환경에 익숙한 나머지 사람 간에서 배워지는 지혜의 소통 연결의 힘을 잘 모를 수 있다. 인성교육은 제일 먼저 가정에서의 학습이 우선되어야 한다. 상대에 대한 존중하는 마음을 갖고 역지사지를 실천해야 한다. 소통과 공감을 경험하며 실패를 겪기도 하면서 훈련이 된다. 절대 천성이라 여기며 바뀌지 않는다고 생각해서는 안 된다. 무엇보다도 받아드린다는 마음가짐에 본질과 현상을 이해할 줄 아는 사람일수록 유리하다. 그래서 이런 능력은 상대적으로 여자들이 우수하다. 타인과 교감하는 능력이 남자보다 여자들이 우수하다. 물론 여자들도 스마트폰도 즐긴다. 다만 성향이 그렇다는 것이다. 교감은 수다와 관계가 있다. 남성성은 경쟁이나 승리의 논리라면 여자들은 감성과 공유의 키워드에 상대적으로 강하고 멀티 관계에 익숙하다고 한다. 그래서 지금은 '여성의 시대'라고도 한다. 여성 특유의 감수성, 공감 능력 등은 시대의 흐름에 맞춰 남자 성인들도 배워야 할 우선 과제다.

세계 최고의 직장이라는 구글의 경영 철학은 "행복한 직원이 더 유연하고 창의적으로 생각한다."이다. 앞으로 창의적 능력을 극대화하여 그 효과가 더 커질 듯하다. 그 바탕이 인문학적 소양을 바탕으로 하는 인성이라고 감히 주장한다. 잘 갖춰진 인성을 품은 사람은 감정의 선택을 동물과 다르게 할 줄 안다고 한다. 자기 기분에 휩쓸리지 않고 철저히 자기감정을 통제한다. 스스로 행복해하는 사람은 행복감도 크다고 한다. 사람의 인성은 즉각적이고 빠른 반응적인 스마트 폰의 반응성에 종속되어 갈 수 있다. 자기 나름대로 관리할 줄 알아야 한다. 그렇지 않으면 언제든 기계에 종속될 수 있다.

최인철 교수의 프레임에서도 모든 것은 나로부터의 출발인데도 불구하고 나만의 프레임에 갇혀 자기 생각의 함정에 빠질 수 있다고 한다. 그 프레임을 벗어나기 위한 가장 큰 요소가 인성이라고 생각한다. 인성은 제일 먼저 자신을 조율하고 그 다음 주변의 관계를 조율하고 맨 마지막 공익을 위한 조율할 수 있는 습관을 지닌다. 청소부가 단순히 주변을 깨끗하게 해서 월급을 받는다고 생각하는 것이 아니라 내가 청소함으로써 주변에 사람들에게 참 행복감을 선사한다는 것을 아는 사람은 인성부터 다르다. 그들은 삶의 목적도 명확하지만 일의 목적도 명확히 알고 있다. 내가 주변을 청소함으로써 사람들의 마음을 기분 좋게 움직인다.

스마트폰의 즉각 반응성은 유대인 학살에서 유명한 '악의 평범함'이란 키워드로 아이히만의 경우와도 비유될 수 있다. 자기도 모르게 그 세계 속에서 자연히 동화되어 자기가 빠진 걸 모르고 지나갈 수 있고 자기가 속한 시스템의 유해를 전혀 인지하지 못 하고 그냥 받아들이는 아이히만의 경우처럼, 자제력이 떨어진 청소년층의 게임 중독 등의 다양한 문제를 낳는다. 기계와 사람 간에는 즉각적인 반응성에 의한 피해가 그만큼 큰 것이다. 상대적 이점이란 게 있을까? 잠시 고민해도 별다른 게 떠오르지 않는다. 하지만 인성을 갖추면 관계에서 더 만족감과 행복감을 느낀다고 한다. 그래서 사람 간의 관계는 행복한 인생의 지표이자 방향성이라고 할 수 있다. '긍정성' '습관화' '키워드' '성공 '행복' '창의성'과 같은 단어들은 책에서 쉽게 볼 수 있는 단어들이다. 이런 종류의 단어가 많이 입력될수록 수시로 꺼내지는 아웃풋 단어도 비슷해진다.

한 강연에서 "깊은 의미의 말을 할 수 있는 것은 책 읽기다."라는 말을 들었다. 즉각적이고 반응적인 스마트폰에선 나올 수 없다. 오직 책 읽기를 통해서만 가능하다. 언제든 새롭게 읽으면서 다른 생각을 할 수 있고 다른 해석도 가능하다. 시간과 장소에 따라서 달리 해석함으로써 자기 생각을 키울 수 있다. 그 근원은 항상 책 읽기다. 지루한 반복이 프로를 만들 듯이 꾸준한 책 읽기가 어제보다 나은 나 자신을 만들 수 있다.

처음 하는 글쓰기라면 부담스러울 수도 있다. 하지만 매일 시도해보길 추천한다. 조금씩 쌓이면 모여서 문장이 문단이 되고 마침내 글 한 편이 완성된다. 자신에게 어깨를 두드려주자. 나를 위한 첫 번째가 나의 자존감이다. 나를 위한 마음으로 하루의 필력을 채워가면서 써내려가 보자.

출판시장의 한계

　흔히들 출판하면 떠오르는 것이 종이다. 종이는 중국 한나라 때 채륜에 의해 발명되었다. 우리나라에서는 삼국시대부터 사용되었다고 한다. 고려 시대에는 종이 만드는 기술을 중국에 수출한 적도 있다. 서양보다 먼저 금속활자를 만들었지만 서양의 구텐베르크에 의해 활성화되었다. 유럽 전역에 광범위 계층에 책을 가질 수 있는 계기를 만들었다. 이로 인해 종교 혁명이 일어나는 데 결정적인 역할을 한 것이다. 이렇듯 천년의 역사를 단번에 맞바꿀 수 있는 것이 책과 관련된 인쇄술이다. 절대 권력이었던 종교 집단이 인쇄술에 의해 르네상스가 가속화되었다. 책이 특정 집단의 전유물만이 아니고 일반 시민들도 책을 접하다 보니 세상에 눈을 떠서 종교혁명 산업 혁명 서양의 기술 혁명이 가속화되는 계기가 되었다. 그래서 천년의 기술이 인쇄술인 것 같다. 그것에 비추어 견줄 수 있는 것이 인터넷의 출발이다.

인터넷의 통용으로 출판 시장의 변화도 가속화되고 있다. 과거로부터 시작하여 지식 기반인 현대 사회에 이르러 미래로 연결하는 중심이 바로 책이다. 인터넷 초기만 하더라도 전자책이 바로 대세일 것처럼 다 예측했다. 하지만 20여 년 지난 지금도 활자화된 종이책은 다소 줄어들기는 했지만 독서의 참맛은 종이책에 있다. 미래는 단순히 예측해서 만들어지는 것이 아니다. 단순한 이익이 되거나 더 편리할 거라는 이유만으로 쉽게 움직이지 않는다. 물론 인터넷은 통신기기의 발달과 더불어 지식과 정보의 대량 생산, 대량 전파도 가능해진 시대가 도래되면서 지식 기반의 대표 매체인 책도 여러 면에서 새로운 환경에 접하고 있다.

이어령 박사가 국내 처음으로 소개한 디지로그 시대 아날로그와 디지털의 결합하여 양면의 편리성과 감수성을 동시에 취하려는 고객층들로 인해서 책과 관련된 사업은 여전히 디지로그 시대가 계속될 것이다. 물론 전자책 시장도 계속 수요는 늘어날 것이고 지금처럼 영상이나 뉴스나 공짜가 대부분인 시대에는 더더욱 책의 존재가치가 점점 힘들어질 수밖에 없다. 책을 많이 읽는다는 일본의 경우에서도 책 읽는 시간을 가지는 사람이 불과 11%라고 하니 무료 정보와는 계속되어야 하니 책만의 장점을 어필하기 위한 차이를 보여줄 수 있어야 하니 시대의 흐름에 맞는 출판물을 출시하는 것은 시대적 사명이다. 하지만 전자책과 종이책은 수요자에 의해 계속 양분되어갈 뿐이다.

출판시장의 감소는 세계적으로 나타나는 현상임에도 선진국이나 우리나라 청소년 독서율은 매년 두 자릿수 이상 신장하고 있다고 한다.

기술의 발전은 출판시장에서도 변화를 가속화한다. 그동안 출판사의 편집권이 일인 출판이나 전자 출판의 변화로 인해 콘텐츠를 가진 개인은 플랫폼에 따라 책을 디자인하는 개인 전문가들도 하는 걸 보아서는 콘텐츠를 가진 누구나 새롭게 출판 시장에 도전 할 수 있을 것 같다. 시대의 흐름에 빠르게 도전하는 first mover가 늘 있기 마련이다. 다른 대안은 없을까? 출판사의 여건이 소규모이고 자본 확충이 어려운 가운데에서도 새로운 시도 즉 다른 대안이 없는지에 대한 끊임없는 도전에 자기만의 책을 만들기 위한 사례들도 가끔 눈에 뜨인다. 자기만의 책 필요수량도 최소한도로 그래서 다품종 소량 시대에 살아남기위한 출판시장의 전략적 대안 갖기는 고객의 요구에 맞춰 고객 요구에 맞는 새로운 시장도 감히 도전 거리로 생겨난다.

한참 성장기를 지나 모든 것이 양이 풍부함 즉 공급자보다 소비자가 우위인 시대에 다른 시도 고객의 요구에 맞는 새로운 대안 옵션이 필요하다. 2000년도 전에는 동네 비디오 가게가 꽤 많았다. 현재 비디오 가게는 보이지 않는다. 자연스레 정리된 것이다. 또 다른 흐름이 시장과는 상관없이 요즘은 글쓰기를 위한 수요는 끊임없이 창출되고 배우려는 비용 또한 만만치 않다. 그런 가운데에서도 수요는 꾸준하다. 그만큼 글 쓰는 것에 부족함을 느끼고 배우려는 사람이 많다는 것이다. 직장인 대부분이 필요한 것이 무엇인가 물으면 글쓰기라고 한 것이 90% 이상이라고 한다.

개인 미디어나 출판사 자체에서 운영하는 글쓰기나 독서 관련 주제로 하여 고객의 요구를 특화해서 배우고 가르치는 분위기 규칙 온, 오프라인에서 모임이나 주고받는 것도 한 방법이다. 누가 먼저 고객 수요에 대한 타깃을 제대로 잡고 시작하는 것이 관건일 것이다. 지면에 의한 종이책은 동전의 양면처럼 오랫동안 전자책과 상당히 공존이 시대의 흐름에 따른 자연스러운 변화다. 고객의 입장이야 시장에서 다양성의 존재는 선택의 폭을 길러 준다.

책의 위기에서 벗어나려면 무엇을 목표를 주어야 할까?

제일 먼저 도서관 예산의 확대다. 민간 자본이나 경영상의 이유로 투자보다는 국가적인 우선순위 시책에 맞춰 투자하는 것이겠지만 구글링에서 확인하니 2017년 예산이 1조가 넘는다고 한다. 내용을 확인해 보니 국내 1,000여 곳의 공공도서관에 1관당 5만 명 이하로 관리되니 서비스의 질도 조금씩 더 나아질 것이다. 이런 뉴스를 보면 세금 낸 보람도 느낀다. 가면 갈수록 인문학적 콘텐츠에 대한 요구가 높아질 수밖에 없다. 그것은 인간 본연의 자세 자신에 대한 생각하기로 연결되기 때문인데 기존 청소년 직장인 장년층 노년층 대부분 평범한 사람들은 생각하기 싫어하는 부류가 대다수이다. 생각하기에서부터 모든 것이 출발이다. 나에 대한 가족, 조직, 사회, 국가, 세계 등 생각의 범위가 커질수록 그 꿈은 커질 수가 있다.

　개인만을 위한 이기적인 발상에서 벗어나 이타적인 발상을 하는 것은 제일 먼저 책 읽기를 통해서다. 경험적으로 읽기를 통해 세상에 조금이라도 기여해야겠다는 생각은 자연스레 책을 읽으면서 생겼다. 나는 누구인가? 어떻게 살아야 잘 사는가? 지금 제대로 가고 있는가? 스스로에 대해 질문을 하다 보면 자기 주체에 대한 생각이나 다른 의견 스스로가 참고하려고 한다. 그러니 주변에 도서관이 있으면 자주 찾아갈 이유가 되는 것이다. 과거 정부마다 각자 다 특색이 있고 지나온 과정이지만 올해 예산이 1조가 넘는다는 것은 정부 자체에서도 도서관의 필요성 예산의 뒷받침 우선순위가 무엇인지를 정확히 인지하고 있다.

　세상은 갈수록 투명해지고 건전해져야 하고 발전하는 곳이어야 한다. 인터넷 혁명이 자리 잡히는 것이다. 과거에는 전혀 문제가 되지도 않았던 것이 지금은 바로 사진으로 찍히고 음성으로 녹음되고 흔히들 갑질이라고 하는 것도 바로 공유되는 세상이다. 세상을 혼자 살아갈 수 없듯이 사람 인(人) 의미를 되새겨져야 한다. 그러기 위해서는 인문학적 가치를 제대로 알아가야 하고 어려서부터 나로 인한 보다는 너를 위한 우리를 위한 이튼 스쿨의 리더십의 정수처럼 자기계발 협동심, 리더십을 강조하는 책임감 등보다 나은 사회를 꿈꾸는 사람이 많아지기 위해서는 더 많이 생각을 깨우치고 행동을 습관화하려는 층들이 많을수록 우리나라는 조금 더 나은 사회가 될 것이다. 역사와 전통은 하루아침에 이루어지지 않고 쉽게 무너지지 않듯이 도서관에 자발적으로 책 읽는 아이들은 스스로 존재 이유를 찾을 줄 안다. 시간상으로 빠르고 늦고의 차이다.

　스스로 독서하는 분위기를 조성하려면 가정에서 부모의 역할이 우선적이다. 아이들은 본대로 크기 때문이다. 부모부터 변하려고 노력하자. 아이들에게 공부하라고 잔소리해서 아이들이 공부하는 경우는 거의 드물다. 스스로가 느끼고 필요하다고 생각해야 하고 뭔가 가슴을 울리는 감동이 되어야 아이들의 마음을 움직일 수 있다. 세상은 절대 쉽게 변하는 곳이 아닌 복잡한 세계다. 논리적으로나 이성적으로 설명되지 못하는 것이 부지기수다. 다만 내가 변하면 세상은 변화한다고 하는 마음가짐으로 접근해 보자. 그것을 시도하기 가장 좋은 곳이 가정이다. 부모가 먼저 솔선수범을 보이면 아이들은 자연스레 보고 따른다. 아이들만 나무랄 것이 아니라 먼저 책 읽는 부모가 되어 아이들의 책 읽는 습관을 자연스레 들게 할 수 있다.

생각의 변화

　인간은 하루에도 오만가지 생각을 한다고 한다. 생각은 어디서 할까? 가슴의 마음에서 할까? 뇌에서 할까? 나 스스로는 여전히 의문이다. 뇌 과학은 요즘 뜨는 학문이다. 인간만이 생각해 낼 수 있는 신비 과학의 총아가 뇌 과학인듯한데 여전히 어려운 주제다. 생각의 기전을 논하고자 하는 것은 아니다. 사람은 늘 생각의 지배 아래서 때로는 무의식 속에서 관성에서 행동한다. 생각에 대해 고민해 본다. 행동의 시초가 생각(思)이기에 무수히 많은 기억도 못 하는 세계에서 제대로 바른 생각을 어떻게 지속해서 움직이게 하느냐는 머릿속의 생각이 마음속의 생각으로 동력이 작동되어야 바른 생각, 옳은 생각하는 힘을 키우는 것으로 생각하는데 마음은 감정의 골과 함께 움직여 나를 스스로 관리하기 힘들게 하는 경우도 종종 있다. 마음의 평정심을 얻기 위해 명상이나 넋 놓음 마음속에서 일어나는 수많은 갈등을 제어하기보다는 일어났다. 없어졌다 가

만히 내버려 두면 마음은 평정심을 찾는데 갈등 해결이나 제 생각이 끝없이 연결되어 갈등의 허상의 늪에 빠져 자기 관점에 빠지는 경우가 왕왕 있다. 스스로가 생각하는 걸 싫어하는 시대다. 즉각적 반응적 전자기기의 발전은 바로바로 보이고 이로 인해 내 생각이 없어진다. 이것도 훈련을 통해서 자꾸 자신을 되돌아보거나 주변이나 조직을 되돌아봄으로써 생각하는 마음 즉 나에게 질문하기로 지금 이 순간에 중요한 게 뭐지? 내가 성과를 내기 위해서는 지금이라는 의미에 중요성을 두고 생각하는 버릇을 두게 되면 자신을 통제할 수 있다는 것 좀 더 객관적으로 판단할 수 있다는 것이 생각하는 힘이다. 그래서 훈련이 필요하다. 자기만의 관성에 묻힐 수 있다. 성장하고 또 성장하기 위해서는 사고의 과정이 연속적으로 필요하다. 우선순위를 판단하는 능력이 사고의 과정에서 우선순위를 판단하여 행동할 수 있다.

생각 속에 미래의 비전이 있듯이 현재의 상상이 미래의 현실이 되기 위해서는 현재 생각하는 인자들이 제대로 씨 뿌려져야 하고 행동으로 이어져야 순간순간의 점들이 이어져 나중에 연결되는 선이 되어 비전이 현실이 되듯이 늘 생각의 우선성에 주의를 기울여야 한다. 인생에서 중요한 것은 문제가 발생했을 때 얼마나 어떻게 잘 대처하느냐가 자기 인생의 주인공이 되는 법이다. 그러니 늘 생각하는 버릇을 키우자. 생각의 큰 가치 기준을 우선 가지는 연습을 해보자 자기만의 미션이나 비전이나 명확한 자신만의 기준이 없으면 주변에 손쉬운 돈과 이익에 의해 지배받을 수밖에 없다. 자주 스스로 질문하는 연습을 해보자.

왜 사는가?

어떻게 살아야 잘사는 건지?

나는 누구인지?

선한 생각은 선한 행동을 이끈다. 악한 생각은 악한 행동을 이끈다. 자연의 섭리다. 좋은 생각대로 움직이기 위해 생각의 출발부터 바르게 해야 한다. 그것이 자연의 섭리다.

우리가 책을 읽고 생각을 바르게 하고 마음가짐을 고쳐먹고 모두 다 좋은 행동을 하기 위한 전초전 역할이어야 한다. 사전 연습이 쓰기다. 문장력을 기르기 위해 좋은 글을 읽고 써보고 연습하고 망각의 씨앗을 가진 머릿속에 각인시켜 늘 생활에서 나올 수 있어야 할 행동으로 나온다. 그런 면에서 단순히 먹고 사는 것을 뛰어넘어 인생의 중요한 가치와 의미를 되새겨서 늘 성장과 변화의 토대를 스스로가 만들어야 한다. 어제보다 나은 내일을 만들기 위해서라도 스스로 질문하고 대답하고 반성하고 연속 사이클이 반복되면서 스스로는 조금 더 성장하게 된다. 매일 반성하고 성찰해 보자. 공자님 말씀에도 "삶은 늘 깨달음의 연속이다." 했듯이 바로 자신에게도 늘 외쳐보자. 그러면서 삶의 순간순간이 경건해지고 엄숙해지고 제대로 잘 살아야겠다는 마음가짐이 내면의 동력으로 작동한다.

독자들이 꾸준히 찾는 책은 그만큼 인정받는 것이다. 앞서 독서량도 언급되었지만, 유달리 경제 규모보다 한국이 낮은 것은 사회가 책과 관련된 문화가 덜 성숙하였기 때문이다. 또 다른 문화 음주 가무 오락성 회식 문화에만 익숙하다 보니 일과 회식 문화에 치여 시간적 여유 없다고 해서 이유를 댄다. 사회 풍조가 이렇다 보니 변화 없이 지내는 것이 너무 안타깝다. 곰곰이 생각해 보자. 우리 인생이 생각의 행동 때문에 지식이나 정보에 의해 달라지지 않는다. 책 읽기가 세상에 더 크게 이바지하고 이타적인 생각으로 행동을 가지기 위해 자기만의 생각을 유지하는 것이다. 독서를 하면 생각의 크기는 분명히 커진다. 책을 읽는 가장 큰 이유가 세상을 향한 선한 영향력 사람인에 대한 진정한 사랑, 나름대로 느끼는 키워드는 틀리겠지만 생각의 크기는 분명히 커진다. 그래서 꾸준함이 위대함을 낳고 나를 변화 시킬 수 있는 요소가 되는 것이다. 꾸준함 속에서 자신의 위대함이 생기고 자신감 역시 같이 생겨난다.

나만의 동력이 주변에 교육과 훈련을 통해서 공유되면 세상에 선한 가치 전파가 공유되는 것이다. 교육받는 이 중 일부만이라도 느끼고 개선한다면 주변에 영향력을 미치는 것이다. 주변에 이런 스스로 리더들이 많아질수록 세상의 삶이 더욱 가치 있고 의미 있어 좋다. 칙센트 미하이는 "독서는 부족함을 메우기 위해 하는 것이 아니라 자신을 더 나은 존재로 향상하기 위함이다."라고 말했다. 자신으로부터의 출발이 중요하다고 생각한다. 본질을 파악하기 위한 통찰력은 단시간 내 얻어지는 것이 아니다. 꾸준한 독서 활동으로 인해 자기 생각과 타인의 생각 받아들이기 내 의견 나누기 등 자기 생각을 가져야 통찰력이 생길 수 있다. 누구나 현상만 보이는 세계에서는 늘 따라가는 인생일 수밖에 없다. 자기 생각을 하기 위해서는 그 바닥에 독서에 대한 끝없는 자기 이해와 성찰이 바닥에 깔려 있다.

우리에게는 덜 훈련이 되어 늘 열심히 더 많이 스스로가 본질을 헤아릴 능력이 없기에 '단순히' '열심히'에 기대다 보니 근면과 성실만을 앞세우게 된다. 지금까지 우리 기성세대가 그렇게 살아왔다. 그래서 단시간 내 경제적으로도 많이 풍족해졌다. 이로 인한 피해 역시 동전의 양면과 같다. 그래서 기성세대들이 먼저 읽어야 한다. 독서를 통해 내 생각이 생기고 달라지면 내 삶이 바뀔 수 있다. 마음의 동력을 얻을 수 있어서 용기와 희망 담대한 마음의 응집력이 생겨 지속할 힘을 가진다. 세상을 바꾸기 위한 노력 가장 먼저 자신이다. 자신이 바뀌면 세상은 바뀐 만큼 조금씩 좋아진다. 중국 속담에서 인용하면 "귀로 들은 것은 금방 잊어버려도 눈으로 직접 본 것은 오래 기억하리라. 하지만 행동하기 전까지는 어떤 것도 이해하지 못하리라." 그만큼 자기가 해야 이해되고 행동을 해야 오래가는 것이다. 남을 바꾸기 위한 노력은 어렵고 힘들다. 남이 나일 수가 없듯이 그때뿐이다. 물론 자신을 바꾸기 위한 처절한 에고와의 싸움도 쉽지 않다. 자기가 해야 모든 것은 변화의 출발점이 되는 것이다. 말처럼 쉬운 것도 없다. 말이 행동으로 실행하기 어려워서 그렇지 성공했느냐 못했느냐는 실행력의 차이다. 실행력이 성공지수를 높여준다. 일본의 중견 CEO 도요다 게이치는 "생각이 꿈이라면 행동은 꿈을 향해 오르는 사다리 같은 것"이라며 생각이 많고 핑계를 대고 머뭇거리는 사람에게 "행동하라" 고 조언한다. 그는 "생각 속에 빠져 있으면 나는 없어지고 생각이 나를 지배하게 된다. 내 몸을 움직여 산만큼이 자신의 삶이다." 라고 말한다.

독서 습관을 만드는 것은 쉽지 않다. 하지만 절대로 조급해하지 말자. 대나무는 마디로 인해 멈춤과 성장을 반복하며 신속하게 커간다. 5년 동안 뿌리를 내리기 위한 인고의 과정이 있었기에 빨리 자랄 수 있다. 읽는다는 것은 누구나 할 수 있을지라도 생각하기는 아무나 하지 못 한다. 앵무새처럼 읽기만으로 결과를 달리 만들 수는 없다. 그래서 다른 생각이 늘 또 다른 새로운 결과를 만들 뿐이다. 보통의 평범한 과정은 평범한 결과를 만들 수밖에 없다. 그래서 아무리 많은 책을 읽어도 생각하지 않으면 얻어지는 결과가 없다. 책을 읽었다는 자가 만족감에 빠지고 생각의 고정 관념으로 말만 앞설 경우만 많아진다.

나도 한동안 왜 책을 읽어야 하는지 회의에 빠진 적도 있었다. 단순히 읽기만 하는 바보처럼 이것도 책을 읽는 사람의 일련의 과정이라 생각한다. 독서에 빠지기 시작하면 몰입되었다가도 회의가 몰려오는 순간 등한시되고 읽어도 뭔가 남아 있는 것 같지도 않았다. 그것은 과정의 일부다. 나도 그런 과정을 통해 독서 습관을 들였다. 본인이 터득하거나 주변에서 검증되거나 추천하는 독서법 등을 참고하면서 자기에게 맞는 독서법을 찾았으면 좋겠다. 나의 경우, 책 한 권을 읽으면, 공감가는 내용을 노트로 정리한다. 깨우친 것은 다른 색의 볼펜으로 작성한다. 그러다 보니 노트가 몇 권이 쌓였지만, 책을 통해 적용할 실행한 것이 몇 개 없기에 머리 아는 나만의 고정관념의 추가로 끝나지 않았나 생각해 본다. 사람마다 방법이 다 있을 것이다. 자기만의 유용한 방법을 찾아서 습관화되었으면 좋겠다. 체 게바라는 "인간은 교양을 갖춰야만 비로소 자유로워진다."라고 말했다.

무조건 외워서 정리하는 것은 생산품의 양산이다. 생각의 다양성 선택성에 늘 자신의 행동에 책임을 질 줄 아는 시민의 교양에 갖추어야 첫 과제가 나로부터의 변화 즉, 생각의 변화다. 우선 책을 읽어야 한다. 전 세계적으로 교육열은 가장 높지만, 독서량은 저조하다. 이제는 4차 산업 혁명 시대 개인의 창의성 다양성이 독특함으로 인정받는 시대다. 변하는 시대에 적응하기 위해서는 자기 생각을 지킬 줄 아는 사고 능력이 절대적으로 필요하다. 생각의 변화를 위해 심호흡 한번 크게 해보자. 앞으로는 정답을 찾아내는 객관식 문제가 중요하지 않다. 창의에 기반을 둔 독특한 솔루션을 찾아야 시대의 흐름에 발맞출 수 있다. 불과 5년 이내는 우리의 산업 구조도 지금까지 경험해보지 못한 새로운 미래 산업이 펼쳐진다는 것이 미래 학자들의 언급이다. 스스로 생각해서 변화하려고 노력해야 하며 개인의 창의성, 다양성에 역점을 두어야 한다. 그래야 4차 산업 혁명 시대상에 맞는 인재가 될 수 있다.

행동의 변화

인간은 늘 스스로 결정한 것에 따르려는 경향이 있다. 그래서 누구나 새해 계획으로 독서를 든다. 나 역시 책 읽기가 늘 상위 목표에 들어있었지만, 그 습관을 유지하기 어려웠다. 대부분이 작심삼일로 끝난다. 나만 그럴까? 주변 대부분이 그렇다.

많이 사람들이 취미 활동으로 독서를 꼽는다. 거창하게 생각하지 말고 읽어서 도움되고 행동으로 옮겨지면 더욱 좋다. 책의 종류나 형식에 상관없이 자기에게 맞는 책을 골라 지속하는 습관을 만드는 것이 우선적이다. 읽기에 지치면 배서하는 쓰기 작업도 오래가는 항목인데 단순히 책의 내용을 읽고 그대로 쓰는 것이 아니라 읽은 내용을 자기 나름의 기억으로 재 써보는 것이다. 그러다 보면 내용을 이해하면서 자기 나름의 생각하는 것을 표현하는 기술도 쌓인다. 처음에는 단어에만 집착하다 보니 자꾸 책 내용보다는 단어 문장에만 고쳐서 그대로 작성하려는데 한 문단을 읽고 나름의 내용 이해를 통해 적다 보면 자기 생각도 들어가므로 글쓰기에도 많은 도움이 된다. 글쓰기와 더불어 책 읽기가 한 쌍이 되어 읽고 쓰고 일련의 생산적 활동으로 이어져야 스스로 재미를 붙일 수 있다. 그래야 습관으로 지속시킬 가능성이 높으므로 행동 변화의 기초가 될 수 있다.

그리스인 조르바의 니코스 카잔카키스가 말했다. "현실은 바꿀 수 없다. 다만 현실을 보는 눈은 바꿀 수 있다. 모든 것은 보는 눈에 따라 달라진다.

생각의 출발을 달리해 보자. 달리 보는 연습을 자주 하자. 보이는 현상에만 집착하지 말고 본질을 볼 줄 아는 양면의 시각 그 눈을 갖추려면 자주 많이 생각하면서 책을 보아야 한다. 달리 생각하는 버릇도 가지고 글도 함께 써 보자. 필력을 키우자. 안 된다고 생각하면서 쓰면 정말 쓸 내용이 없듯이 쓰고 싶은 것을 자판 가는 대로 쳐서 양을 채우는 연습을 자주 해 보자. 신기하게도 하루의 양을 정해 놓고 시작하다 보면 어느새 양이 쌓인다. 처음 생각이 중요한 것 같다. 양이 쌓이면 다시 수정하더라도 없는 곳에서 쓰는 것보다는 훨씬 수월하다고 한다. 글 전문가를 통해서 배웠다.

독서는 자신이 흥미 있어서 하는 주제 위주로 목적의식을 가지고 도전해볼 필요가 있다. 전혀 관련 없는 주제는 쉽게 포기할 가능성이 높다. 나의 키워드는 늘 리더와 관련된 주제와 소통과 동기 부여에 관련된 단어들이 주가 된다. 그리고 틈나는 대로 철학 및 심리학도 즐겨 읽고 있다. 맨 처음 철학에 도전해 본 것도 처음 읽는 안광복의 '서양 철학사'다. 이 책을 통해 철학이 어렵다는 선입견에서 벗어날 수 있었다. 편견을 없앤 대표적인 경우다. 그래서 가끔은 철학 서적도 읽어본다. 읽기도 전에 먼저 어렵다고 생각해서는 안 된다. 일종의 고정관념이다.

책은 읽을수록 생각의 크기가 커진다. 고정 관념이 엷어진다. 다양성을 인정하게 된다. 이것이 다 읽고 쓰고 생각하기의 한 과정이다. 책을 읽다 보면 개인적으로 많은 우여곡절을 겪을 수밖에 없다. 자기 합리화에 빠질 수가 있어서 늘 이런 마음가짐으로 책 읽기가 시작되면 좋겠다. 세상에 완벽한 것은 없다. 생각 역시 마찬가지다.

스스로 생산적인 사고를 할 수 있다면 현재의 삶은 더욱 개선될 수 있다. 자기만의 고정관념에서 벗어나려는 노력하자. 요즘 유행하는 행동 심리학에서는 논리적 합리성 대신에 인간의 비논리적 집착에 관해서 회자되고 있다. 예를 들어 콩을 안 먹으면 키 크고 튼튼하게 자랄 수 없다. 그런데 알면서도 콩을 안 먹는 경우가 부지기수다. 아는 것과 행동과는 큰 차이가 있다. 그래서 동기부여를 받기 위해서는 강연에 참석하면 도움이 된다. 뚜렷한 목표를 가지기 위해서는 자기만의 가치관을 정립하고 미션을 수행하는 과정이 필요하다.

나의 가장 큰 적은 나라고 하지 않던가? 선한 영향력에 대해서 생각해 보자. 내가 먼저 선한 생각을 하면 스스로 아름다워진다. 생각이 말과 행동을 바꿔서 삶을 아름답게 바꾸기 때문에 늘 선한 영향력을 염두에 두어야 한다. 세상은 이기적이고 복잡하다. 어느 한두 면을 가지고 말할 수 없듯이 늘 양면이 존재함을 인식해야 한다. 생각의 크기는 좋은 쪽으로 작동되어야 한다. 세상을 위해 조금이라도 기여하려는 사람들이 많으면 많아질수록 세상은 조금씩 더 진보한다. 그래서 교양 있는 사람들이 많아져야 한다. 그래야 자정될 수 있다. 사회적 정의에 대하여 목소리를 내고 행동으로 보여준다. 이런 작용을 통해서 좀 더 나은 사회로 진일보하게 될 것이다. 물론 나 자신부터 좋은 사람이 되어야 한다. 좋은 사람과 친해지기 위해서보다 내가 먼저 좋은 사람으로 거듭나면 주변에도 좋은 사람들과 어울려 공명 효과를 이룰 수 있다. 흔히 대인과 소인, 음과 양 모든 것이 상대적인 면이 분명히 존재한다.

행동하기 전에 생각과 습관부터 고쳐보자. 좋은 음식이 몸에 좋듯이 좋은 생각이 좋은 마음을 가져 행동을 유발할 수 있다. 자신부터 엄하게 자신을 관리하자. 자신에게 깨달음을 일으키자. 생각은 늘 왔다가 갔다가 오고 가고 생각은 실체가 없으므로 일어났다. 사라짐을 인식하여 나 자신을 되돌아보는 연습을 자주 해보자. 그래야 자신의 깨달음이 생겨 다른 사건에 대해서도 식견이 생긴다. 같은 경험을 가지고도 사람에 따라 받아들이는 것은 본인의 평소 가지고 있는 가치관 교양에 따라 달라진다. 결국 자기 생각의 한계다. 그것을 넘어서야 더 큰 사람으로 성장할 수 있다. 유명한 리더치고 자기 스토리가 없는 사람이 없다. 스토리의 힘을 만들기 위해서는 선한 인자의 씨앗을 평소에 뿌려놓자. 씨앗의 힘을 믿어보자. 평상시 그 씨앗을 잘 가꾸고 좋은 과정을 거치면 반드시 좋은 결과를 얻는다. 자연의 이치처럼 다만 자신을 믿지 못하면 자기 자신이 가장 큰 적이 된다.

어떻게 하면 동기부여가 되어 늘 행동하는 사람으로 다시 태어날까? 시간이 날 때마다 고민해 보자. 어떻게 사는 것이 잘 사는 것인가? 삶은 유한하다. 질문의 답을 찾기 위해 치열한 삶을 살 수 있다.

늘 책을 가까이하면 태도와 행동에 영향을 받는다. 그래서 자신을 바꾸는 변화에 집중하면 행동으로 이어져 미래의 모습은 분명히 변한다. 이런 변화는 한순간에 일어날 수 없다. 분명히 반복하면서 서서히 깨우쳐져 조금씩 변화되어 갈 뿐이다. 평상시 좋은 문장은 자주 써 본다. 쓴다는 것은 씨앗을 뿌리는 행위다. 창조는 모방에서부터 시작하기 때문이다. 아리스토텔레스는 말했다 "하늘 아래 새로운 것은 없다." 늘 조금씩 개선하는 것이다. 읽어진 입력인 자가 개선되는 것이지 전혀 새로운 것이 개선되는 것이 아니다. 하루하루가 쌓여 조금씩 개선된다.

그래서 창의는 모방의 연속으로부터 라는 말이 나온다. 안상현은 "학습이란 긴 여행과 같다. 세상의 문제를 바라보는 방식을 바꾸는 것 세상을 이해하고 마주 보는 태도를 개선하는 것을 통해 자신을 바꾸고 세상도 변화시키는 것이다."라고 말했다. 누누이 말했지만, 학습과 교육은 아는 것을 그대로 실천함에 있는 것이다. 실천이란 실행으로 습관화시키는 것이다. 불편함을 개선하는 것이다. 그것이 교육이고 학습이다. 배우고 익히는 것은 더욱 좋은 세상을 만들어 세상의 삶에는 늘 인간이 우선함을 인지해야 한다. 실천함으로써 세상은 조금 더 진보하기 마련이다. 진일보하기 위해서는 기존의 관행이나 고정 관념을 버려야 새로운 것이 채워지듯이 늘 지켜보자. 나 스스로가 동기부여가 제대로 되어가고 있는지 내 삶은 제대로 살고 있는지 질문해보라. 동기부여에 도움이 된다. 4차 산업 혁명 시대다. 질문을 제대로 해야 더 큰 해결책을 찾을 수 있다. 자신이 주체가 되어야 한다. 남에 이끌린 동기부여는 내적 동력이 약할 수밖에 없다. 자신에게 자꾸 힘을 주자.

타이론 에드워드는 "생각은 목적을 낳고 목적은 행동으로 이어져 행동은 습관을 형성하고 습관은 성격을 결정지며 성격은 우리의 운명을 정한다."라고 말했다. 목적적 행동이 습관을 형성한다. 나의 습관을 먼저 일주일 간의 단위로 먼저 자신을 점검해 보자. 일상의 루틴 시간을 어떻게 보내는지 생각해보자. 분명히 효율적이지 못한 시간이 있을 것이다. 이는 현재, 현실을 아는 것이 중요하다. 현재를 정확히 인지해야 개선할 수 있다. 불필요한 시간 배분을 좀 더 효율적으로 다시 정립해 보자. 그러면 시간의 자기 관리는 효율적인 행동으로 진행할 수 있다. 그래서 목표에 대한 비전이나 미션을 정해 보라고 하는 것이다. 이런 것도 배움을 통해서 행동으로 전환한 결과다. 나 자신의 열정이 주변에도 전염되듯이 사람을 더 정열적으로 만든다. 이런 목적적 행동이 미션이나 비전에 닿을 수 있도록 하여 자신의 꿈에 도달할 수 있는 행동 패턴을 갖추는 것이다.

나로부터의 변화

가장 쉽고도 어려운 것이 나를 통제한다. 이제는 변화의 주체가 되어야 한다. 내가 아닌 남을 바꾸기는 정말 어렵다. 다만 자기자신은 얼마든지 마음먹기에 따라 달라질 수 있다. 자기 자신과의 결단에서 언제든 이겨내야 한다. 머릿속에서만이 아닌 진정한 가슴이 울리는 내면의 외침에 귀를 기울여야 한다. 마음의 감동이 전달되어야 변할 수 있다. 누구도 탓할 수 없다. 자기 합리화를 어떻게 극복할 것인가? 에고를 어떻게 이겨낼 것인가? 위대한 사람일수록 자기 통제력이 강하다. 상상력을 초월한다. 그만큼 자기 통제력이 강하니까 위대해졌겠지만, 항상 자기와의 싸움이 제일 먼저 맞선다. 고통스러운 자기 통제가 일련의 과정이기에 극복의 숨은 스토리가 남들에게 감동의 스토리를 제공해 준다. 우리나라는 이조 5백 년사의 유교의 문화를 가지고 있어 보이는 나에 대한 체면 문화가 유달리 강하다. 있는 체 잘난 체는 다 허례허식이다. 보이는 나에 대해 남들이 생각이 그만큼 중요하다 보니 내 생각보다는 남의 생각이 내 주인인 양 내면을 짓누른다.

학교의 근대 교육이 성적 지상주의가 남들보다 먼저 빨리 경쟁의 체제 속에서 세계 어느 나라보다도 빨리 발전했지만, 기본에는 제대로 지키지 않으면서 누가 오면 또는 임시방편형으로 기본을 지키는 것에 대단히 약하다. 순간만을 피해서 겉으로 보이는 모습만 중요하다고 내부적으로 제대로 잡히지 않는 보여주기식 문화도 한 몫했다. 그러니 체를 없애야 한다. 교육이 교육답게 기본으로 돌아가야 한다.

내가 내 삶의 주체이듯이 남이 뭐라 하든 내 삶에 내 행복이 우선시되어야 한다. 인간 본래의 목적인 행복하게 사는 것에 충실하기 위해서 긍정 심리학에서 가장 중요하게 대두된 말들이 개인의 행복한 삶이 주변에도 영향을 미친다. 본인이 행복하면 주변에도 더 행복감을 느끼는 것이 '긍정 심리학'의 골자다. 스스로 먼저 행복해하자. 행복은 순간순간 느끼는 것이라고 뭐가 갖춰져야 가능한 것이 아니다. 현재에 감사하라는 것이 요지다. 그래서 자존감이 필요하다. 남들과 비교를 통해 자신만 위축감 느껴 존재감을 낮출 필요가 없다.

우리는 70억 분1의 경쟁률을 뚫고 태어났다. 절대적으로 유일무이한 존재이며 각각의 장단점을 가지고 있는 소중한 존재들이다. 스스로 자존감을 불어넣어보자. 자존감이 자신의 에고에서 벗어날 수 있는 가장 좋은 방법이라고 한다. 단순히 머릿속에서 이해하고 따른다면 언제든 본질적인 것에 언제든 흔들린다. 내 존재 이유를 제대로 찾아보자. 본질의 이유를 찾는다면 자기 꿈에 도전코자 하는 이유가 더 선명해진다. 내가 왜 해야 하는지 그 이유를 찾아보자. '무엇을' '어떻게'가 아닌 나의 '이유'를 찾아보자. 보통 대부분 사람이 자신과 대화를 해보지 못한다. 또한 이유도 찾지 못한다. 따로 배우거나 교육받지 못하니 익숙해지지 않는다. 그런 질문에도 영 어색하기만 하다. 나 역시 마찬가지다. 이런 것도 교육을 통해서 배웠다. 자신과의 대화를 통해서 가능하다. 나의 꿈도 누가 찾아주는 것이 아니다. 스스로 찾아야 한다. 나를 누가 가장 많이 알까? 좀 더 객관적인 나로 성찰하는 질문을 자꾸 던져보자. 그러면서 삶은 자기반성을 하게 된다. 그로인해 좀 더 개선되고 좋아질 수 있다.

　자신에 집중해 보자. 사람에 집중해 보자. 더불어 살아가는 현재의 우리 가장 작은 단위인 나부터 초점을 맞추고 내 가족, 내 관련된 조직 사회, 나라, 세계로 확장시켜보자. 생각의 크기는 점점 더 커진다. 이것이 책 읽기의 효과다. 누가 가르쳐주지 않아도 세상을 향한 선한 마음, 선한 영향력은 책을 읽음으로써 자발적으로 생겼다. 비록 직장에서 물러나고 돈도 못 벌지만 미래를 준비하는 과정이라고 생각하고 현재에 감사하니 과거의 불안감에서 많이 벗어나 있다. 모든 것은 과정이 필요하다. 크든 작든 과정의 굴레 속에서 사람은 강해지고 시행착오 끝에 더 많은 것을 배운다. 스스로 희망과 용기를 준다. 현재의 과정이 길고 지루할 수 있을지라도 조금씩 더 성장하려면 더 배워야 한다. 주변의 관계에 더 이타적으로 행동하면 희망 속에서 발견할 수 있다. 수많은 베이비붐 세대들이여, 퇴직 후 30~40년간을 아무 할 일 없이 지내면 그 삶이 온전할까? 조직에 속해 있든 퇴직을 했든 더 많이 배우고 느껴 봐라. 과거에 안주지 마라. 오로지 현재의 삶에서 자신과의 대화를 통해서 미래의 로드맵을 다시 한번 그려보자. 모르면 주변을 통해서 배우자. 배우는 것을 창피해하지 마라. 자신의 두려움의 굴레에서 벗어나려면 아주 작은 부문부터 성취의 기쁨을 누려라. 지금은 4차 산업 혁명 시대 앞으로 컴퓨터와는 더욱더 가까이 지내야 한다. 컴퓨터와 더 친해져야 한다. 그런데 베이비붐 세대는 컴퓨터와 친한 세대가 아니다. 하지만 시대의 흐름에 낙오되지 않기 위해서는 먼저 배우자. 최소한 앞서나가지는 못하더라도 따라가는 정도는 만들자.

'난 몰라' 하면서 포기하면 그 과정을 절대 벗어나지 못한다. 반드시 넘어야 할 변곡점이다. 젊은 세대와 분명히 차이가 날수밖에 없지만 포기하지 말고 배워라. 포기하지 않으면 배워진다. 자주 사용하면 기능은 조금씩 더 잘 할 수 있다. 그 과정을 넘고 집중하면 스스로가 행복하게 된다. 그러다 보면 잡생각에서 벗어날 수 있다. 중장년층들이여, 컴퓨터와 친해져라. 연습을 통해서 많이 배운다. 그러면서 활용하는 기술도 조금씩 내 것으로 만들 수 있다. 주변을 잘 활용하라. 나 역시 조금씩 배워 나간다. 최소한 기계에 대한 두려움은 많이 없어졌다. 익숙함으로부터의 탈피해야 한다.

나 자신에게 화살을 돌려보자. 100세 시대다. 누구에게는 장수가 기쁨이고 행복일 수 있다. 한편으로는 장수가 불행이고 억지의 인생이 될 수도 있다. 과거에는 시대적 흐름을 예상할 수 있었다. 하지만 지금은 불확실성하다. 급격히 변한다. 전에는 은퇴 후 불과 길어야 10년 이내에 인생을 고했다. 하지만 지금은 60세에 퇴직하더라도 30~40년을 더 살아야 한다. 무의미한 30~40년을 유의미한 기간으로 보내기 위해서는 먼저 자신을 위한 투자를 해야 한다. 사전 준비 없이 그냥 이루어지는 것은 없다. 자연의 이치다. 그러니 자신에 대해 진지하게 고민하라. 과거의 경력을 자신만의 콘텐츠로 활용하든지 그것이 안 되면 나만의 콘텐츠를 미리 준비해야 한다. 단순히 머릿속에는 다 될 것 같아도 실제 해보면 현실은 다르다. '공짜 없는 점심' 없듯이 일정한 수업료 지급은 필수다. 과정을 통해서 다양한 실수를 배우고 경험하면서 실수의 축적이 자기 것으로 쌓인다.

맹자께서 말씀하셨다. "인간만이 갖추어진 삶의 기본 잣대이다."

인간의 본성을 제대로 표현했다. 누구를 위한 학문이 아닌 자신의 수양을 위한 현실적인 학문이었듯이 나 자신을 위한 독서로 삶의 우선 순위를 선정해 보기 바란다. 그에 앞서 매체를 통한 자극도 추천할 만하다. 동기부여에 도움이 된다. 유튜브나 TED, 세바시 등 무료로 자극받고 공부할 소스는 넘치고 넘친다. 마음 가짐이 중요하다. 정보가 없어서 못하는 것이 아니다. 관심이 없어서 정보를 얻지 못하는 것이다. 주변에는 언제나 정보가 넘쳐 있다.

이재범 작가는 '변한 내 인생'에서 "고전이나 소크라테스나 공자의 이야기가 울림을 주는 것은 보편타당한 인간 본성에 관해 얘기하기 때문에 공감을 준다."라고 했다. 그런 울림을 느끼기 위해서는 다양한 독서를 통해서 공감해야 한다. 절대적으로 한순간에 바뀌지 않는다. 콩나물에 물주면 물은 빠져도 콩나물이 자라듯이 처음에는 기억에 남아도 시간이 지나면 가물가물하다. 자연스러운 뇌의 활동이다. 그래서 읽고 쓰고 생각하기 과정을 자꾸 반복하라고 하는 것이다. 물론 실망도 많이 할 수 있다. 그러한 과정을 통해서만 자기 나름의 방법이 정해진다. 물론 타인의 독서법 등 다분히 참고해야 책들도 많이 활용하기 바란다. 장 자크 루소는 "지식이나 진리는 암기로 얻어지는 것이 아니라 발견하고 깨우치는 것이다."라고 했다. 본인이 깨우쳐야 한다.

위대한 리더치고 책과 관련된 일화가 없는 사람이 없다. 모택동은 평생 책을 놓지 않은 독서광으로 유명하다. 사마천의 사기를 늘 끼고 읽고 철저히 삶에 적용해야 할 방향을 세우는데 나침판으로 삼았다. 역사서로 미래를 읽는다고 하지 않던가? 세상은 늘 반복 속에서 이루어진다. Leader가 Reader여야 하는 이유다. 우리는 모두 스스로 리더여야 한다. 자기 주체적 삶을 위해서는 자리의 높고 낮음이 아니라 인간다움의 교양을 위해 자신의 깨달음을 위해 책을 읽는다는 것은 생각한다는 것이며 울림이 가슴을 터치하여 자신에게 자극을 주는 동기 부여 역할을 한다. 생각으로 왔다가 생각으로 끝나는 것이 아니고 생각 속에 마음 울림은 마음에 파동에 이동을 주어 자신에게 열정을 불러일으킬 수 있다. 동기 부여가 되어야 높은 성과를 유지할 수 있듯이 자신 삶의 목표에 따라 자신을 만들어간다. 자신의 믿음 속에 품고 있는 이미지대로 만들어갈 수 있기에 동기부여가 삶에 연료 역할을 해준다. 동력을 발휘하려면 힘을 계속 보충해주어야 한다. 스스로 동력원이 될 수 있도록 자극원이 되어야 한다. 독서를 통해서 조금 더 현명해지고 더 나은 삶이 되기 위해서라도 자극원을 펼쳐야 한다. 그래서 동기 부여는 삶의 동력원이다.

이어령 박사는 "삶은 우연의 연속 속에서 필연을 만들어 내는 과정이다." 라고 했다. 책 읽는 우연 속에서 필연이라는 결과를 만들어보면 어떨까? 더 나은 삶과 개인의 행복을 위해서 공부하는 참 즐거움이 매체를 통해서 여러 번 공감했다.

나이는 물리적 숫자일 뿐이라 여기고 숫자에 얽매이지 말자. 시도하는 즐거움을 느껴보자. 다양한 시도 속에서 공부의 즐거움을 느껴보자. 왜 나이 들어 공부하느냐고 묻지 말자. 뇌의 끝없는 성장을 위해 더 많이 자발적으로 공부하면서 작은 행복감을 느껴보자. 미래에 대한 막연한 불안을 공부를 통해서 극복하자. 자기만의 로드맵의 제대로 맞춰가기 위해서라도 자신만의 미션이나 비전 세팅 목표를 세워 충실하게 실행하면서 살아가자.

제2장
왜 읽지 않는가?

나의 어린 시절에는 책을 본다고 하는 것 그 무엇보다도 책에 대한 무관심이 제일 컸다. 지금 와서 보면 현재라는 단순히 보이는 것에만 치중하지 않았나 생각이 든다. 무엇을 할지 미래에 대한 고민을 해본 적도 없는 것 같다. 생각대로 사는 것이 아닌 사는 대로 생각한다고 뚜렷한 목표 없이 살다 보니 무엇이 중요한지를 생각 없이 살아왔던 것 같다. 그러다보니, 책 읽는 과거의 추억은 거의 전무 하다시피 하다. 베이비붐 세대인 나는 그 당시 이부제 수업도 경험한 바있다. 초등학교, 중고등학교의 반 학생 수가 보통 64명에서 였는데, 70명까지 넘었던 적도 있었다. 그 당시에는 부모로부터 따뜻한 가르침으로 책 읽고 하는 것은 하나의 사치일지도 모를 그런 시기다. 그러니 책 읽기는 개인사다.

스스로 좋아하지 않으면 책에 관심을 둘 수가 없다. 이것이 나의 어린 시절 책에 관련한 무감각한 기억이다. 나 역시 부모로부터 꾸준히 책을 읽어야 한다고 가정교육을 받았거나 개인적으로 책을 좋아해서 책을 읽은 경우가 아니고는 굳이 책을 읽을 이유도 없었고 책도 보지도 않았다. 물론 나의 자기 합리화이다. 책을 읽지 않는다고 사회생활에 뒤처진다고 스스로 자각한 적도 없다. 그러니 필요성도 못 느낀 것이다. 그 정도로 책과는 담을 쌓고 살아왔는데 책을 가까이 접할 필요성을 인지 못할 수밖에 없지 않은가? 특히 초등학교 시절에도 그 흔한 동화도 본 적도 없었고 특별히 책에 대한 기억 자체도 없다. 그만큼 책에 관련해서 무엇 하나 제대로 읽어 본 기억이 잡히지 않는다. 나도 참 책과는 담을 쌓았구나 하면서 자신을 반성도 해본다. 지금 생각해보면 많은 아쉬움 속에 과거에 대한 후회가 많이 남는다.

무엇을 할지에 대한 고민이 없으니 책에 관해 관심이 없다. 과거의 이력이 불충분하더라도 책을 읽고 쓰기를 도전하게 된 것도 어찌 보면 10년간 읽은 책 내공으로 도전할 수 있지 않은가 생각해 본다. 무엇 하나 내세울 만한 장기도 없이 내가 어떻게 글을 쓸 수 있을까 하는 의문이 들었다. 근거 자료를 찾고 조금씩 내 생각이나 감정에 충실하여 조금씩 자판을 움직인다.

나의 학창 시절에는 특별한 기억 자체가 없다. 책 읽는 것 자체에 흥미를 전혀 느끼지 못했기 때문이다. 독서 습관이 전혀 배이지 않은 것이다. 그러니 책을 볼 마음 자체도 없었다. 주변 환경도 독서에 영향을 주겠지만 나는 호불호 영향이 더 크다고 생각한다. 보통 평범한 이는 일상의 핑계거리를 주로 찾는다. 인터넷으로 인해 주변에 볼 수 있는 유혹들이 더 많아져 더욱 책을 멀리하게 되었다. 대한민국 성인의 1/3은 여전히 일 년에 책 한 권을 읽지 않는다는 것은 개인의 호불호라고밖에 볼 수 없다. 스스로 느끼지 못하거나 책 없이도 삶에는 지장이 없기에 읽지 않는 걸 성인들에게는 강요할 수도 없다. 성인이 되어서 책 읽는 습관이 어려운 것은 그만큼 자신을 관리해야 가능하기 때문이다. 그래서 어려서부터 책 읽는 행위가 더 쉽게 자신에게 접목할 수 있기 때문이다.

일년에 책을 몇 권 읽는 것이 중요하지 않더라도 책을 통해 스스로 생각하거나 자신을 관리 할 줄 아는 사람들이 많아져야 한다. 그래야 사회는 조금씩 더 발전할 수 있다고 생각한다. 학생들에게는 독서에 주안들 둔 토론 수업을 통해서 자연스러운 책 읽기 문화가 형성되면 독서가 습관으로 이어질 것이다.

무엇보다도 늦었다고 판단할 때가 실행하기 위한 가장 빠를 때라 생각된다. 수많은 이유와 핑계를 대기보다는 보통의 평범한 소시민도 책 읽기를 통해 스스로 습관을 만들어 내고 지속적인 학습 습관을 통해 좋은 생각이 씨앗이 되어 좋은 습관으로 이어진 것도 독서를 통해서다. 다만 책을 읽었던 삶이 그나마 현재에 감사하는 계기가 되고 인간 본연의 목적인 행복한 생활에 대해 느끼고 일차목적에 충실히 하려고 생활하는 것은 분명 하다. 그만큼 책을 안 읽어 왔고 특별히 사회생활에 지적받은 적도 없다. 물론 지금이야 전보다는 더 많이 읽고 생활에서도 책은 삶의 중요한 도구로 여겨지고 있다. 그러나 여전히 책을 읽는다는 것은 일부 지지층이나 좋아하는 부류의 전유물이 아닐까 생각한다. 그만큼 자기 생각이 없이도 살아가는데 크게 지장이 없기 때문일 것이다. 사회 생활에 순응하고 튀지 않게 적응력을 발휘해서 그렇지 않을까 생각해 본다.

자기 생각을 가져야 책을 더 읽으려는 마음이 생긴다. 현재에 익숙하기 때문에 군이 책을 읽지 않는 것이다. 그리고 간편하고 직접 쉽게 찾으니 더욱더 장시간을 투자하는 독서는 멀어진다. 자신의 본질에 대해 생각지 않고 눈앞에 닥친 문제만 관심을 두니 본질을 모를 수밖에 없을 뿐이다. 보이는 모습에만 익숙한 삶이어서 그렇지 않을까? 책을 읽는다는 것은 현상과 본질을 볼 줄 아는 지혜의 보고다. 내가 볼 수 없다면 아무리 좋은 말씀도 한 낮 흘러가는 물처럼 쉽게 닿고 쉽게 잊어버린다.

좀 더 나은 삶의 질을 원하고자 한다면 일단 책 읽는 습관을 들여야만 한다. 무엇을 읽어도 정확히 요구되는 독해 능력은 자기가 판단할 첫 생각이기 때문이다. 판단 근거가 정확하지 않으면 좋은 결과가 나올 수 없다. 읽고 파악하는 능력은 일상의 활동에서도 반드시 우선 되어야 한다. 읽고 파악하는 능력이 있어야 자기 의견을 조리 있게 발표할 줄 안다. 그 기본은 파악하고 생각하고 요점을 정리하면서 자기 생각을 발표하는 것이 일상의 조직사회 소통의 구조다. 그래야 건전한 토론을 통한 더 나은 안을 도출하는데 감정적인 싸움이 아니라 이성적 감성적 공감으로 공감대를 이루어 나갈 수 있다.

2007년도에 사내 리더십 교육 참석 후 스스로가 좀 의미 있는 습관을 만들기 위해 책 읽는 습관을 만들었다. 습관은 무수한 지속적인 반복 활동의 산물이다. 좋은 습관을 가지기 위해서는 반복이 이루어져야 한다. 하지만 주변에는 너무나 많은 유혹이 널려져 있다. 특히 한국의 음주 가무, 회식 문화는 연속적인 습관을 크게 방해한다. 특히 조직 내의 샐러리맨들은 자기 처한 환경에 자기 합리화가 당연시될 수밖에 없고 자영업자 역시 마찬가지다.

좋은 습관은 시간과 지속적인 과정의 산물이기에 끈기라는 힘을 지속시키지 않으면 구축하기 쉽지 않다. 책 읽기가 활성화되려면 주변의 지역 사회 중심으로 더 많은 독서 클럽 활동 등 지역 사회 공동체 중심에서 자발적 온오픈 모임을 만들어야 한다. 분명 한 번에 다 바꾸지는 못하더라도 조금씩은 진일보할 가능성이 높다. 제일 먼저 나부터 꾸준한 책 읽는 사람으로 남아야 한다.

독서 모임들이 지역별, 전국적으로 많이 활성화되어 있다. 그런데 유난히 남자들의 숫자는 여자들에 비해 적다고 한다. 성 역할 때문일까? 아이들의 양육도 엄마의 손에서 관리되다 보니 엄마가 책을 읽으면 아이들도 책 읽는 확률이 높다. 어려서부터 부모가 솔선수범하면 아이들은 자연스레 부모를 보면서 독서 습관 만들어갈 수 있다. 자식을 위해서라도 부모가 먼저 배우고 느끼고 행동 개선하는 것이 책 읽는 문화 확산의 지름길이라고 생각한다.

빨라도 너무 빠른 세상

지금처럼 시대의 흐름이 빨랐던 적이 있었던가? 18세기 1차 산업 혁명에서 20세기 2차 산업 혁명, 1990년대 3차 산업 혁명으로 인지되는 인터넷 시대, 2016년 1월 세계 다보스 포럼에서 처음으로 언급된 4차 산업혁명 시대까지. 불과 20여 년 만에 세상의 흐름은 너무 빠르게 진행되었다. 시대의 흐름에 맞춰서 가는 사람들이 있는 반면 여전히 2차 산업 혁명 시대의 대량 생산 체제시대에 사고가 머무른 세대도 많이 있다. 그만큼 인간사의 흐름이 다양하다.

나 역시 조직 내에서는 남들보다 더 먼저 빨리해야 하는 경쟁의 원리 속에서 나 자신도 회사 내 한 부품으로써 그냥 열심히 일하고 조직 내 순응하면서 지내다 보니 나이는 들고 어쩔 수 없이 비자발적으로 퇴직의 아픔을 겪을 수밖에 없었다. 지금 되돌아보면 매우 아쉽다. 조직 내에서도 충분히 숙제하듯 생활하는 삶이 아닌 내가 주인인 삶을 살면서 미래에 대한 사전 준비라든지 예상하는 스케줄에 움직여서 후회를 최소화할 수 있었다고 생각한다. 하물며 여전히 시대의 흐름과 동떨어져 조직 내에서만 안주하는 40~50십대 장년층 역시도 대부분일 거라고 생각한다.

공부하고 책 보는 습관을 미리미리 준비하는 것이 어떤가? 안전지대인 조직 내 있으면서 사전 준비를 하는 것은 또 어떤가? 나의 전철이 누군가에게는 하나의 자극제로 작동하여 스스로 자성하는 계기가 되었으면 한다. 물론 처음에 약 10년 전부터 책 읽는 생활을 먼저 했다고 언급했지만 지금 와서 생각해 보면 책의 이분법적 사고에만 매몰되어 책을 보았다는 의미로밖에 생각되지 않는다. 단순히 즐기는 책 읽기가 아닌 깨달음이나 실행력을 높이기 위한 실천 정신을 배워 두었으면 하는 후회는 여전히 가지고 있다. 좀 더 체계적으로 다시 책을 보는 마음에서는 나의 생각 정비하는 법을 병행하다 보니 나한테는 자극이 되는 것 같다. 나만의 생각을 하기 위해서는 나와의 질의응답을 통해서 내가 무엇을 잘하는지, 무엇에 흥미를 느끼고 있는지, 무엇을 싫어하는지 등을 위한 자기와의 대화가 먼저다. 하지만 스스로 질문하는 것을 두려워하고 어려워한다. 보통 사람 대부분이 그렇다. 시키는 일이나 열심히 하면 된다고 하면서 남에 정해준 대로에 익숙하기 때문일 거다. 나 또한 마찬가지였다.

나와 직접적인 계기가 없다면 공감을 일으키기가 어렵다. 물론 지속하기도 어렵다. 그래서 늘 뒤집어 생각할 줄 알아야 한다. 노자 철학에서 말하는 양면의 존재는 생각해 볼 과제다. 안정되었을 수록 다양한 경험을 하지 못하면 안정에서 벗어날 때 그만큼 고난이 온다. 지금의 생활이 어렵고 힘들더라도 더 좋은 발전의 기회로 잡는 것이 좋다. 세상의 모든 일에는 양면이 있다. 빠름 속에서 우리가 놓치고 못 보는 느림의 미학도 있는 것이다.

고은 시인의 '그 꽃'은 느림과 빠름의 절묘한 미학적 시구를 보여준다. "내려갈 때 보았네. 올라갈 때 보지 못한 그 꽃." 일상생활에서도 오를 때는 보지 못한 것을 내려놓으면서 비로소 관찰하게 되는 것이 있다.

빠른 기술 진보와 느림의 책 읽기 시대의 공존이라 생각한다. 기술의 발전이 아무리 빨라도 인류 역사가 남긴 종이책에 의한 문화는 지속할 수밖에 없다. 물론 독서 인구가 점점 줄어간다고 하더라도 읽는 층은 꾸준하기에 읽는 양은 점점 늘어날 수 있다.

많은 책을 읽는 것도 중요하지만 책을 읽고 그 책에 담긴 작가의 의도와 내 것으로 만드는 것이 중요하다. 양보다는 질이 중요하다. 책 읽는 사람들은 언제나 말의 솜씨와 교양이 있다고 생각하며 말을 함부로 하지 않는다. 책 읽기로 인해 인생의 미래를 다시 생각하게 하고 마음의 평정심을 유지한다. 또한 읽지 않은 사람에 비해 쉽게 평정심을 유지할 수 있다. 그러므로 가장 존경해야 할 사람은 손에서 책을 놓지 않는 사람들이다. 책을 읽으면 우리의 인생은 반드시 바뀌게 되어 있다. 왜냐하면 생각의 크기가 반드시 커지기 때문이다. 이기적인 삶이 아니라 이타적이고 사람을 더 사랑할 줄 아는 사람이 된다. 더불어 같이 살아가는 생각을 하게 된다. 나는 독서에 빠진 지 3년 만에 잡은 키워드가 '사랑'이었다. 누가 가르쳐 준 것도 아닌데 사랑은 세상살이의 가장 기본이 된다고 생각했고 그것은 독서의 힘이 아니었나 생각해 본다. 그래서 나는 반드시 책 읽기가 생활화되어야 한다고 생각한다.

이어령 박사는 책 '생각'에서 "시대가 아무리 변해도 상업의 비즈니스 마인드는 변하지 않는다. 인간의 모든 길은 상인 등이 개척해 나간 것이다."라고 했다. 이익을 위한 상생이 지금까지 서로 연결하였다시피 인터넷, 인공지능, 빅데이터에도 양면이 존재한다. 사람의 일을 기계가 대체되는 필연의 부작용도 나올 수밖에 없는 것이 빨라도 너무 빠른 현재의 시대의 흐름이다. 미래 학자들이 언급하기를 향후 불과 20년 이내에 직업의 47%가 없어진다고 하니 미래에 대한 자기 경영관리를 준비하는 사람만이 흔들림 없이 미래를 만들어 나갈 수 있을 것이다. 역으로 그렇지 못하면 시대의 흐름에 뒤떨어져 일을 지속하기가 힘들다. 반복적인 일만 하는 노동자층도 로봇이나 인공지능에 의해 대체될 가능성이 매우 높다고 한다. 그것을 벗어나기 위한 밑바탕이 제일 먼저 책 읽기다. 자기가 처한 환경에서 변화를 주는 것은 본인이나 조직에 상승효과를 불러일으킨다. 오만함이나 이기심을 버리고 주변에도 좋은 영향을 미치고 나만이 아닌 우리를 위해 사회를 위해 국가를 위해 조금이라도 기여할 수 있는 존재로 생각의 크기를 크게 잡아야 한다. 자기만의 미션이나 비전을 만들어 보는 것도 변화하는 데 도움이 된다. 그러기 위해서는 자기와의 대화를 먼저 자주 해야 한다고 강의를 통해서 배웠다. 보통 평범한 시민들은 '내 생각이 없다.' 라고 한다. 내가 아닌 타인의 생각대로 움직이면서 나중에 좌절하고 고뇌하고 선택이 잘못되었다고 남을 원망하고 나 스스로 생각하려면 자신과 대화를 통해서 더 나은 삶을 위한 자신의 마음가짐이 확보되어야 내부 동력을 얻을 수 있다. 그것이 변화하기 위한 첫 조건이다. 인류 역사와 지속해온 책의 문화는 그래서 개인의 삶과도 일맥상통한다.

변화하고 도전하는 데에는 용기가 필요하다. 인생은 속도가 아닌 방향이라고 했다. 무엇이 되고 싶은가? 어떤 일을 하고 싶은가? 인생의 목표는 무엇인가? 자신에게 질문을 던져 보자. 누군가에게 자극을 받고 동기 부여가 되듯이 나 역시 교육을 통해 개인적인 미션과 비전을 세팅했다. 세상에는 유능하고 대단한 사람들이 많이 있다. 주변에 덜 알려졌을 뿐 누군가에게 영향력을 미칠 수 있다는 것은 매우 중요하다. 변화와 도전에는 또한 양면적인 현실 순응과 관성이 따라온다. 타인으로부터 자극받기 위해서라도 먼저 책 읽는 간접 경험부터 해보자. 책은 지식 저장고이듯이 타인의 경험이 그대로 녹아있기에 먼저 경험했던 불합리한 것을 재경험하지 않아도 된다. 삶의 다양성을 위해 미리미리 준비해보는 것이 어떤가? 모든 것은 과정이 존재한다. 처음부터 잘할 수가 없다. 말콤 그래드웰 언급처럼 만 시간의 법칙 일정 시간의 투자가 선행되어야 하고 끝없는 연습 및 실제 활동이 필요하다. 성공한 사람치고 저절로 된 것은 하나도 없다. 남들이 모르는 숨겨진 스토리와 과정의 연속을 가지고 있다.

만약에 조직 내 생활하는 샐러리맨은 역지사지하는 마음으로 '내가 사장이라면' 인식하에 조직 내부에서부터 자기 일을 프로처럼 적용 확대하며 준비하는 것이다. 조직의 생리가 각 분업화되어 있는 곳에서 자기가 사장이라면 질문하에 종업원은 더 열심히 자기 일을 완수하려 할 것이다. 다양한 사전 경험이 혼자서 할 수 있는 일의 증가가 개인의 다양성뿐만 아니라 조직 내의 운용과도 관련이 된다.

베이비붐 세대는 정답 찾기에 아주 익숙하다. 그래서 먼저 질문하라고 언급 드리는 바이다. 문제를 정확히 인식할 때만이 문제를 제대로 잡을 수 있다. 누구의 삶이 아닌 자신 개인의 삶 그래도 타인에게 선택권을 줘서 안 된다. 나로부터의 질문의 기술을 펼쳐서 적용해 보자. 그동안은 남과의 경쟁이었다면 이제는 자신과의 경쟁이다. 어제의 나와 오늘의 나로 조금씩 진일보하고 시행착오를 통해 더 많이 경험하여 깨달음을 더 크게 가질수록 스스로 세상에 단 하나의 나의 모습을 찾을 가능성을 높인다. 좋은 쇠가 되기 위해서는 백번의 단련을 통해서 백련 강이 되고 매화는 추운 겨울의 고통을 겪은 다음에야 맑은 향기를 발산한다. 먼저 생각을 크게 하여 질문해보기를 통해서 삶의 우선 순위를 다시 한번 정립해 보았으면 한다. 이런 과정을 통해서 개인은 좀 더 성장할 수 있다.

질문이 없으면 답을 찾아낼 수 없다. 먼저 자신에게 자주 질문해 보자. 질문하는 것도 습관이다. 해 보지 않고는 나란 사람이 어떤지 잘 모른다. 모르면 또 타인의 선택에 이끌려 살아가며 후회할 가능성이 높다. 그런 면에서는 나는 어쩌면 말 잘 듣는 모범생일 수 있다. 조직에 순응하고 주변 사람들과 잘 어울리고 개인보다는 전체에 색깔을 맞춰나가려는 나만의 색을 가진 것이 아닌 주변과 어우러져 튀지 않으려는 색처럼 말이다. 내 인생이 아닌 남의 인생에 발맞추는 삶이 아니었나 생각나게 한다. 각자의 인생에는 각각의 모자이크 조각을 가지고 멋진 그림이 되려면 각 조각을 제대로 만들어야 정말 멋진 인생이 아닌가!

내 색깔이 없다 보니 내 그림은 어디에 있는지 알 수 없다. 습관이 하루아침에 이루어지지 않듯이 생각 깨기 과정이 머릿속에서만 나래를 펼치지 않았나 생각한다. 목표 없이 이루어진 생활은 결국 내 색깔을 못 갖춘 셈이다. 평범한 사람도 책을 읽고 글쓰기를 통해서 자기를 반성하여 더 나은 생활을 목표로 잡을 수 있다. 책 속 생각의 크기를 내 것으로 실천할 때 자기 성장과 더불어 행복을 이룰 수 있다.

나는 누구이지?

나는 제대로 가고 있는가?

스스로 질문에 제대로의 답을 찾는 과정에서 더 나은 삶을 만들어 낼 수 있다. 나의 인문학적 콘텐츠를 제대로 융합하여 내 것으로 만들 때 나는 오늘 하루의 힘을 믿는다. 나만의 모습을 갖추는 것이 새로움이고 변화의 핵심이다. 변형된 독특한 나만의 새로움을 만들어 내는 것이 결국 질문 과정의 연속 속에서 좀 더 나은 자신으로 만들고자 함이다.

정보 습득 방법의 다양성

미디어의 발전과 더불어 정보의 접근은 전보다 많은 정보를 쉽게 할 수 있다. 미디어에서 제공되는 일방적인 제공에서 지금은 확실히 쌍방 교류에 의한 정보의 접근이 기술의 발전과 더불어 빨라지고 있다. 아무리 빨라져도 스스로 경험하고 실패하면서 내 것이 되는 데는 일정 시간이 필요하다. 단순히 쉽게 보고 들으면 머리에 남아 있는 것이 없다. 인디언 속담에 "너무 빠르게 가지 마라"라는 말이 있다. 빨라도 너무나 빠른 이 세상, 일상은 변한 게 없는데 속도만 빠르니 내 생각이 틈이 없어진다. 책 읽기는 집 구경하는 것과 같이 꼼꼼히 제대로 보면 제대로 보인다. 겉면만 단순히 봐서는 정보의 접근이 이루어지지 않는다. 시간을 들여 읽어야만 얻어지는 느낌이나 이해의 과정이 필요하다. 너무 빠르면 스스로 생각할 시간이 없다. 사람은 강한 자세를 취하는 것으로도 지배 호르몬 수치가 올라가 강한 자신감을 보인다. 이것이 인간인데 인간을 이해함에 있어 책처럼 좋은 것이 없다.

독서를 하다 보면 내면적으로 성숙한 과정을 거치게 된다. 스스로가 겸손해지려는 마음가짐을 가지게 된다. 또한 이기심을 버리고 스스로 성숙한 인간이된다. 아무리 기술의 진보가 빠르다 하여도 각 개인의 감정과 학습하는 능력에깨달음에 있어서만큼은 독서만큼 이상적인 것은 없다.

제4차 산업혁명을 논하면서도 나와 관련되지 않으면 의미 없듯이 내가 아는 것과 관심 분야로만 볼 수밖에 없다. 불과 20여 년 만에 인터넷이 세상의 판도를 바꾸었듯이 앞으로 다가올 20년의 변화도 속도가 빠를 수밖에 없다. 정보지식혁명인 4차 산업 혁명 시대에 2016년 세계 경제 포럼에서 미래학자 제임스 캔턴은 미래의 인재상으로서 아래의 10가지 능력을 우선 제시했다.

- 외국어 능력
- 문제해결 능력과 논리적 사고
- 복잡한 정보 지식과 데이터 관리
- 효과적인 커뮤니케이션 능력
- 디지털 비즈니스 전략 수립
- 세계화에 대한 이해
- 최첨단 기술에 대한 해박한 지식
- 다양한 문화에 대한 포용력
- 코드화 하는 법
- 기업가가 되는 방법에 대한 이해

리더일수록 학습하지 않으면 조직의 생존에 직결된다. 리더 스스로 동기 부여하여 더 많은 학습 능력이 필요하다.

의학기술의 발전으로 100세 시대를 운운한다. 은퇴 후에도 벌써 30, 40년 이상을 살아가야 한다. 뭔가를 새롭게 배우고 익히지 않는다면 무의미한 생활을 할 수밖에 없다. 스스로 미래에 대한 로드맵이나 계획을 잡아볼 필요가 있다. 오래 사는 삶이 유의미한지 무의미한지는 개인의 가치관 여하와 관련된다. 아울러 기존에는 필요할 것을 예상해서 미리 배운다는 개념이지만 지금은 필요한 것은 제때에 배운다는 개념까지 도입된다고 한다. 배우기 위해서는 기존 알았던 지식을 내보내고 새로운 지식을 받을 준비가 필요하다. 책 읽기를 통한 꾸준한 간접 경험 및 체험이 우선적이다.

다산 정약용은 평생 530권의 책을 집필하였다. 그 당시 실학 시대가 지금의 4차 산업 혁명 같은 시대일 것이다. 다산 선생이 18년간 유배 생활을 하면서도 자신의 이상과 가치관에 의해서 복숭아뼈가 보일 정도로 책을 썼다고 한다. 그의 책 읽기와 쓰기에 머리가 저절로 숙연해진다. 책 읽기는 가장 고전적인 방법일지라도 변하지 않는다. 아무리 기술이 발전하고 빠르게 변한다고 하더라도 사람에 대한 근본 이해 없이는 불가능하다. 근본적 이해는 책을 통해서 가능하다.

정보 접근의 이해와 능력에 따라 집단 지성의 힘을 발휘하는 것에 소외가 발생한다. 이로 인한 격차도 무시 못 할 정도로 커질 가능성이 높다. 보통 기술의 발전에 대해 알지도 못하면서 현실에 물들어 간다. 많은 데이터가 모여 정보를 이루고 이를 바탕으로 해결책을 제시하는 빅 데이터도 최근 2년 내 생성된 양이 전체의 90%라고 한다. 빈도와 주기가 점점 빨라지고 있다. 인간의 생명을 다루는 의학기술에서의 데이터 서비스는 인간의 수명을 늘리는 데 지대한 영향을 미친다. 또한 의사의 일자리가 위협받고 있다고 한다.

기술의 진보는 개인이 어쩔 수 없다고 하더라도 인간 본연에 대한 이해 인문학적 통찰은 결국 책을 통해서 나오기에 아무리 기술이 진보한다고 하더라도 개인의 감정이나 성찰 느낌도 인간만이 이해하고 느껴지는 감성은 책을 통한 서로 간의 교감 외에는 방법이 없다. 시대의 흐름은 이해하자. 쉽고 빠르게 필요한 것을 찾아내는 것도 시간의 관리 면에서 유용한 도구다. 최근 조사된 모바일 이동 실태의 예를 보자.

모바일 인터넷 이용의 한 조사에 따르면 스마트폰의 이용 시간이 평균 3시간 내외라고 한다. 스마트폰이 보이지 않으면 불안해한다. 언제부턴가 스스로가 기계의 노예가 된 것 같다. 우리는 알게 모르게 기계에 노예가 될 가능성이 매우 높다. 10년 전 지하철에서의 풍경은 겉가지 신문을 보는 것이었는데 지금은 대부분 스마트폰으로 시선을 둔다. 불과 10년 만의 변화다. 앞으로 10년 후에는 어떤 모습들일까?

스마트폰의 보편화로 인해 모바일을 통해서 정보를 검색한다. 불과 20년 전에만 하더라도 현실이 될 거라고 상상하지 못했다. 물론 나의 생각이지만, 기술의 발전은 보통 사람들의 상상 이상으로 빨라서 다 알아갈 수 없다. 하지만 대세에 따른다는 감으로 뒤처지지 않아야 포기하지 않는다. 머리로 아는 것과 손발로 아는 것과는 차이가 있듯이 세상의 빠름 속에는 개인의 느림도 같이 존재한다. 우리가 수영을 배워도 이론 교육을 통해서는 수영을 할 줄 모르듯이 겉에 드러난 빠름 속에서도 느림의 미학은 항상 존재한다. 제주도 올레길을 걷다 보면 세상의 잡념은 무념무상으로 내보낸다. 아무런 생각 없음이 또한 느림으로 인한 깨우침으로 다가온다. 세상은 항상 양면이 같이 존재한다.

빠름이 있으니 느림이 있다. 희망과 절망은 공존한다. 그러니 세상은 '새옹지마' 다. 그것을 어떻게 받아들이느냐의 차이다. 밥을 먹어 영양분이 온몸에 전달되듯이 책을 읽어 영혼의 허기를 달래줄 수 있다. 이것이 책 읽기의 본질이다. 책을 본다는 것이 선입감을 없애듯이 기존의 것을 버려야 새로워질 수 있다. 그것이 변화의 시작이다. 느림을 절대 뒤처짐으로 보지 마라. 느림 속에서 사람의 본 모습을 찾을 수 있다. 내가 나를 생각할 줄 아는 인간이 된다. 조급함은 삶을 망치는 지름길이다. 빠른 세상에서 긴장과 몰입도 중요하지만 느림과 이완도 소중하다. 고무줄이 탄성을 유지하려면 적절한 긴장과 이완이 필요한 것이다. 정보의 접근이 빨라도 나만의 느림을 가져야 균형적으로 살아갈 수 있다. 타인과 경쟁하려고 아등바등하지 마라. 내 삶은 늘 내가 완성하는 것이다. 그래서 과정이 필요한 것이다. 엉덩이의 묵직함을 즐기자. 공부는 늘 머리가 아니라 엉덩이로 한다고 말하지 않는가? 책 한 권도 참고 견디며 읽어야 끝까지 읽을 수 있다.

물론 기술의 진보 발전에 등한시하라는 말이 아니다. 관심을 두고 교육을 통해서 기기 사용이나 정보 접근이나 정보 전달을 위한 자기 방법도 갖추는 것이 필요하다.

시대의 흐름도 이해하고 파악할 줄 알아야 한다. 단순히 과거의 관성에서 벗어나 일상의 변화를 주기 위해서는 새로움도 익혀야한다. 책 읽기를 통한 자기 내면과 식견과 통찰을 올리기 위한 책 읽기는 느림의 미학이 절대적 요소다. 독서는 21세기를 살아가야 할 현세대의 가장 강력한 통찰력을 키우기 위한 방법이다.

머리 쓰기 싫은 사람

    현대인들은 왜 머리 쓰기를 싫어할까? 지금 이 글을 쓰는 순간에도 조급함이 나를 감싼다. 뜬 생각, 잡생각이 내 머리를 먼저 스치고 지나간다. 마음의 주인은 나인데 주변 환경이나 자기 합리화에 빠져 타율적으로 시간을 보내면서 정작 내 생각은 내 삶에 들어올 틈이 없다.

    내가 내 삶에 손님이 아닌 주인으로 살기 위해서는 나름의 목표가 명확해져야 한다. 하지만 마음의 갈피를 잡지 못하고 현실의 상황을 자꾸 대입하다 보니 잡생각이 먼저 나를 누른다. 생각의 함정에 빠지지 말고, 느긋하게 마음을 고쳐먹고 시작해 보자.

    먼저 나를 반성해 본다. 글 쓰는 것 자체가 엉덩이의 힘으로 쓴다고 하면서 막상 시작하려면 마음의 울렁증이 찾아온다. 이은대 작가가 '글 쓰는 작가의 초심' 수업 중에 말씀한 걸 한번 적어 본다. '내 평범한 삶의 이야기가 남에게 한 사람만이라도 감정의 공감대를 울려서 자기 성장할 수 있도록 울림이 있을까?

마음가짐이 변하면 행동도 변할 수 있을까? 생각 속의 생각이 자신을 생각지 않게 한다. 나도 확실히 머리 쓰기를 좋아하지 않는다. 하루 일과라도 목표에 대한 이유가 명확하지 않다 보니 뭔가 어설프다. 내가 왜 생각하면서 살아야 하는지 이유를 먼저 고민해 보자. 일과가 겉으로 드러난 영상을 보는 것에 익숙한 것은 아닌지 생각해보자. 생각하는 연습이 안 되다 보니 자신과 대화 하는 것이 익숙하지 않고 길게 지속하지 않는다. 하지만 일인 지식기업가 과정을 들으면서 스스로에 대해서 생각하는 연습을 하는 편이다.

체계적으로 사고하는 연습을 하기 위해서는 뇌 과학도 같이 읽어 볼 만하다. 신경세포가 주위의 세포를 만나서 시냅스에 연결되어 기억하고 의식하게 되는 과정이 어린 태아에서는 시냅스 밀도가 빈약하다. 6세 이후 밀도가 과잉으로 되었다가 14세 이후에는 반복적으로 자극을 받은 시냅스만 살아남고 밀도가 낮아져 유용한 정보만을 기억한다. 하지만 학습이나 감정적 자극 때문에 신경세포가 새로운 시냅스가 생긴다. 이런 과정을 학습이라고 한다. 학습의 양이 학창시절과 직접 비교해서 그만큼 뇌에서 받아들이는 정보의 양이 전보다 많아졌기 때문이다. 그러다 보니 생각하는 것을 싫어한다. 남의 결정에 따르고 자신의 생각이 없어진다. 생각이 없다 보니 다른 사람에 대한 의견에 생각을 표현할 줄 모른다. 물론 분위기 자체가 타인의 의견을 받아들이는 분위기가 안 되어 있다면 의견을 달리 말하는 것이 불편하다. 편하게 사는 거다. 타인들과 부딪치는 것이 싫은 것이다. 좋은 것이 좋다는 식으로 그러다 보니 내 생각에 빠지는 것에 자기 관점에서만 묻히는 경우도 종종 있다.

30여 년 전과 비교하여 육안에 들어오는 정보의 양은 간단히 비교해서 1980년대와 2010년대 우리가 보는 양이 엄청나게 차이가 난다. 단순 계산으로만 보더라도 듣고 보는 정도의 양이 기술 발전과 더불어 수시로 문자나 영상을 접할 수 있으니 쉽게 들어왔다. 쉽게 나갈 수밖에 없다. 이것이 뇌의 효율성 때문인데 뇌는 단순하고 게으르기에 최대한 단순화하려고 한다. 평상시 뇌도 근육처럼 생각하는 연습이 되어야 뇌 근육을 갖춘다고 한다. 생각하는 뇌를 갖기 위해서는 질문을 통해 뇌 근육을 단련시켜야 한자. 뇌 과학자들이 말하는 뇌의 구조 시냅스의 신경돌기가 기술의 발전에 따라 계속 생성되기에 뇌의 효율이 전보다 많이 발전한다고 하는데 역시 어려운 문제다.

인공지능은 인간의 지능을 넘어서 바둑, 그림, 미술까지도 해낸다고 한다. 인공지능이 어디까지 갈 수 있을지에 관해서는 학자들도 의견이 분분하다. 기술의 발전은 상상 이상으로 빠르고 꾸준히 진행되어오고 있다. 앞으로도 기계가 인간의 일을 많이 대신하게 될 것이다. 하지만 인간 특유의 감성은 오로지 인간에 의해서만이 전달 가능하다. 미래가 아무리 불확실해져도 인간에서 인간으로 전해지는 인문학적 콘텐츠는 인간만이 만들어낼 수 있는 것이다. 나만의 개성, 나만의 전문 브랜드, 나의 특화된 기술이 5년 후, 10년 후의 미래를 현실로 이끌어낼 가능성이 더 높지 않겠나 생각해 본다.

조벽 교수는 수업 강의를 통해 "연구 결과를 보면 성공했거나 행복을 느끼는 사람들은 그 이유를 주로 자신의 내부적 요건에서 찾는다. 생각과 행동의 초점을 자신이 할 수 있는 일에서 맞춘다"고 한다. 내부적 성공 동력을 찾기 위해서라도 생각하는 것을 멈추면 안 된다. 또한 아는 데서 그치지 말고 행동에 초점을 맞추어야 한다.

성공한 사람들의 비결에는 특별한 것이 없다고 한다. 그들은 "내가 알고 있는 것을 꾸준히 실천하고 행동했다." 라고 한다. 생각하기에서 시작해서 행동하기로 맺는 것이다. 아는 것과 아는 것을 행동하는 것이 얼마나 큰 차이가 있는 것인지 보여주는 단적인 한 예이다.

　기술의 진보는 일반 시민들은 쉽게 와 닿지 않는다. 융합하는 능력이 뛰어난 리더들에 의해서 세상은 알게 모르게 조금씩 진보한다. 현재와 미래는 따로 존재하는 것이 아니다. 서로 연결되어 있다. 지금 이 순간이 미래의 어느 순간과 긴밀하게 연결되어 있다. 진중한 엉덩이의 힘을 믿어 보자. 아무 생각 없이 사는 삶이 아닌 내가 목표하는 삶을 꾸려보자. 좋은 질문이 내가 생각하게 만든다. 내가 행동으로 실천할 수 있도록 몸과 마음을 일으켜 끊임없는 질문을 던져보자. 삶의 주체는 나 자신이다. 더 많이 생각하고 더 많이 행동을 통해서 배워야 남과 공유를 통해서 성취하는 기쁨을 맛볼 수 있을 것이다.

　명확한 질문을 통해서 명확한 답을 알 수 있듯이 나만의 대화를 좀 더 객관적으로 진행해보자. 나만의 인문학적 콘텐츠를 타인과 함께 공유를 해 보자. 항상 배운다는 자세로 시행착오를 겪고 피드백을 나누면 조금씩 발전해갈 수 있을 것이다. 내 생각의 크기는 내가 잡아야 한다. 내면에서 울리는 소리와 공명을 이루는 교감을 이루어 내야 한다. 현재의 삶이 고달프고 힘들더라도 희망 속에 살아가는 것이다.

읽지 않아도 잘 산다?

읽지 않아도 잘 산다? 도발적인 질문이다. 읽어도 잘 살 수 있고 물론 안 읽어도 잘 살 수 있다. 뭐라 한 가지로 결론 낼 수 있는 문제가 아니다. 사람이 태어나서 얼마나 많은 양의 책을 읽고 살까? 우리나라 성인 평균 독서량이 연 9권 내외라 하고 한다. 50세인 성인을 예를 들면 20세 이후 50세까지 30년 간 270권 정도를 읽는다. 물론 많은 양은 아니다. 옛 성현들은 최소한 책 '1천 권'을 읽어야 한다고 했다.

성공한 리더, 사회적 영향력이 있는 사람 치고 책을 읽지 않고 영향력을 가진 사람은 거의 없다. 성공을 하고 싶다면 먼저 '읽어야' 한다. 영향력을 키우기 이전에 본인이 먼저 행복해하고 감사하려면 책을 읽어야 한다. 나도 늦게 책 보기에 습관을 들였다. 책을 읽기 전에는 보통의 평범한 직장인 일과에 충실했다. 주변과 경쟁하고 앞으로의 미래에 대해 굳이 큰 걱정도 없이 조직 내에 충성하는 것이 삶의 목표이자 지상 과제였다. 다람쥐 쳇바퀴 돌듯 일상 반복의 지내왔기에 나 자신에게 질문을 던지거나 생각을 해 본 적이 없다.

행복하게 살기 위해 제일 먼저 무엇이 필요할까? 가장 기본적인 경제 활동을 꾸준히 하기 위해서 무엇을 해야 할까? 제일 먼저 나를 위한 투자를 먼저 해 보자고 결론을 내렸다. 책을 읽는 습관에 첫발을 내디뎠다. 혹시 모를 경제적 어려움 대비해 매달 저축하는 버릇을 들였다. 평소 주말에 지인들과 어울려 즐기던 골프도 끊었다. 그리고 지독한 골초인 내가 2011년부터는 담배까지 끊었다. 다시 시작한다는 목표로 매일매일을 지내왔다.

2011년도 글로벌 의료기기 전문 회사 BDK를 퇴직하고 혈액백 공장을 인수한 SBD에 공장장으로 제2 인생의 목표를 두고 전직했다. 사람 간의 이해관계는 자기가 필요한 것에만 중점을 두지 타인에 대한 최소한의 도덕이나 윤리는 자본에 의해 무참히 짓밟힐 수 있다는 사실도 알게 되었다. 사회의 큰 경험을 했다고 생각하며 이직 후 1년도 채 안 되어 다시 퇴사하여 약 7개월간을 도서관에서 인문학 위주와 자기 계발서 위주로 책만 읽었다. 그 시간이 가장 많이 책을 정독하면서 읽었던 시절이었던 같다. 물론 특별히 머릿속 남아 있지 않을지라도 내 나름의 가치관을 잡고 나의 행복을 위해 나 자신을 위해서는 무엇을 할까에 대한 고민도 그때 생겨나기 시작했던 것 같다. 당시 나름대로 작성했던 독서 노트 4권은 언제든 다시 보곤 한다. 따로 독서법 등을 배워서 읽고 정리한 것이 아니라 나름 책을 보면서 공감이 되는 문장은 몇 자 적어보고 했던 것이 4권까지 정리되었다.

과연 책 읽기가 나에게 필요한지 의문이 들었던 때도 있었다. 스트레스도 많이 받은 적도 있었다. 무엇을 정리해서 실천하지 못하고 읽고 나면 다시 처음처럼 실천하지 못하는 내 성향에 양질의 습관을 만드는 것에 많이 무력감과 부족함도 재차 느껴본다. 하지만 그동안의 책 읽기 과정이 있었기에 주목받기를 좋아하고 경쟁은 꼭 이겨야 하다는 압박감은 그 당시 나만의 내면세계가 많이 평정심을 주지 않았나 생각해 본다. 급하고 먼저 행동하고 성향을 가지고 있었기에 쉬고 있는 나를 가만히 두지 못했을 것이다. 하지만 책 읽기를 통해 무직 7개월 과정을 잘 버티어 왔다. 이런 힘든 과정을 벗어나고 지나왔기에 작년 2016년 비자발적 퇴직 통보받고서도 크게 심적으로 흔들리지 않았다. 그러면서 새로운 길이 조금씩 보이기 시작했다. 4차 산업 혁명 시대에 자기 콘텐츠를 전문화하여 퍼스널 브랜드를 만드는 1인 지식기업 전문가 과정을 공부했다. 이러한 도전 의식도 책 읽기가 큰 도움이 되었다.

직장인들에게 미리미리 준비하는 습관을 지니라고 말해주고 싶다. 우선 제일 먼저 자신과의 대화부터 연습해야 한다. 평생 자신과 한 마디 말도 주고받지 않으면서 자신이 무얼 좋아하고 행복해하는지에 깊은 내면의 대화를 하는 과정이 필요하다. 직장을 그만두기 최소 5년 전부터 미리 계획을 세워 두면 혼란이나 혼동을 최소화할 수 있다.

자연계에는 늘 과정의 법칙이 존재한다. 일정의 과정의 시간이 지나야 결과를 얻는 것처럼 시대의 갑작스러운 변화로 모든 것이 빨라지고 편리한 가운데에서도 유독 책 읽기만큼은 시간의 투자가 선행되어야 한다.

현대인들이 책을 읽지 않는 것은 시간 부족이나 독서 습관 때문이 아니다. 휴대전화나 컴퓨터, 태블릿 PC의 인터넷 사용 때문이다. 정보를 검색하는 데는 인터넷만큼 좋은 디지털 기기도 없다. 그렇다고 책을 읽지 않고 지나치게 인터넷에만 의존하다 보면 깊이 있게 생각하고 판단하는 기능이 점점 쇠퇴하게 된다. 과정 없이 나온 결과는 너무나 빈약하다. 충분한 시간이 양호한 결과를 만들어낸다. 이런 과정이 삶의 지표이자 철학이라고 생각한다. 당장 자기와 상관없다고 막연히 계획을 미루지 마라. 느끼면 바로 실천하는 것이 가장 빠른 나만의 실행 세팅법이다. 아무리 타율적으로 책 읽기가 좋다는 인식이 있어도 내가 공감하여 감동하지 않으면 습관은 절대 나올 수가 없다. 향후 5년간은 미래 예측의 가장 중요한 기간이라 생각한다. 변화의 물결에 시금석이 되어 향후 미래 혁신이 2030년도에는 어디까지 변할 수 있을지 예상하기 어렵지만 5년간의 현실이 미래를 그나마 정확히 예측할 수 있다고 본다.

읽지 않아도 잘 산다. 독서 없이도 자본적 축적에 의한 물욕이 증대는 가능하다. 독서 특유의 느림의 미학은 삶에 여유를 준다.

베이컨은 "독서는 풍부한 사람을, 대화는 재치 있는 사람을, 글은 정확한 사람을 만든다." 라고 말했다. 책을 통한 대화와 성찰은 과연 누구를 위한 것인가 되새겨 보기 바란다.

인문학은 문사철로 문학, 역사, 철학에 관련한 학문이다. 문학은 사람과 사람을 연결하는 감성의 다양한 표현이고 역사는 과거를 통해 미래를 예상할 수 있는 미래학이고 철학은 삶의 가치관을 찾기 위한 질문을 할 줄 아는 학문이다. 각각 나름의 특성이 있다.

공부하는 재미가 들어야 남아 있는 인생을 행복하고 즐겁게 보낼 수 있다. 고령화의 속도는 빨리 진행되고 있다고 한다. 아무 목표 없이 은퇴 후 30~40년을 무엇으로 소일할 것인가? 주변의 지역 도서관 회원증부터 준비하여 등록하자. 누구를 위한 공부가 아닌 나만을 위한 공부가 내 행복감을 온전히 지켜준다. 행복은 내가 먼저 행복감을 느껴야 주변에 영향력을 줄 수 있다. 행복감이 높은 사람일수록 자기 자존감이 높다고 한다. 나비 효과처럼 내가 주변에 행복 바이러스에 영향을 미쳐 내 주변부터 행복감이 조금이라도 더 높아지면 삶의 의미가 가치는 높아진다.

책 보는 부모로부터 아이들은 자연히 책과 가까이 될 수밖에 없다. 애들이 부모의 얼굴이라고 하지 않던가? 내 가족부터 바른 삶이 각자 가족에게 영향을 준다면 소규모에서 대규모의 지역 사회까지 점차 더 나은 사회로 가는 척도가 된다고 생각 한다. 책을 보다 보면 이기심보다는 이타심이 자기도 모르게 생성 된다. 나의 경우도 책을 접한지 3년 이후로 나 개인적인 삶의 목표보다는 주변 과 같이 더불어와 함께 사회를 위해 조금이나마 도움이 되고자 한다. 자신의 각성도 저절로 생기는 경험도 하여 이렇게 나의 글쓰기도 쓰게 된 한 계기가 되었다.

관성에 익숙하다

누구나 자기만의 관성을 가지고 있다. 평상시의 말과 행동의 집합이 습관이 듯이 그속에는 의식적이든 무의식적이든 자기 나름의 관성을 가지고 있다. 사람도 자연계의 원리에서 보면 삶의 지혜를 배울 수가 있다. 일정 시간 과정의 흐름 속에 나온 결과물이 있듯이 인간도 평상시 말과 행동, 습관이 관성을 만들어 낸다. 유지하고픈 관성도 있고 버리고픈 관성도 있다.

독서 습관을 관성으로 만들려면 시간 투자를 많이 해야 한다. 꾸준히 유지하기도 쉽지 않다. 버리고 싶은 관성도 노력으로 없애도 무의식적으로도 남아 있게 된다. 나 역시 애써 만들어놓은 관성이 처음으로 다시 돌아가는 경우가 많이 있었다. 2000년도 초반에 BDK 사내 골프 동호회 붐으로 골프에 처음 입문했다. 남들은 1년 정도면 100타는 어지간하면 다 깨버린다. 하지만 처음에 모습이나 자세를 잡을 때 계속 방법의 일관성보다는 뭐가 좋다더라 식의 임시적

방편 방법으로 계속 바꾸다 보니 발전이 없었다. 그래서 처음부터 다시한다는 마음으로 6개월간 코치에게 강습을 받기도 했다. 플레이어까지 해 보고 2011년부터 그만두었다. 습관을 만드는 것은 매우 어렵고 패턴을 고치려면 많은 에너지가 채워져야 한다.

운동도 지나치게 하면 활성산소가 많이 나와 오히려 해롭다. 과욕은 금물이다. 사람은 한번 습관이 들면 잘 벗어나지 못한다. "좋은 습관이든 나쁜 습관이든 한 번 빠지면 잘 벗어나지 못한다. 좋은 습관에는 마력이 있지만, 악습관에는 괴력이 있다." 그런 면에서 독서는 선한 습관이다. 잘 먹어야 건강하듯 희망과 긍정을 가져야 삶이 탄탄해진다.

성공한 사람들은 현재를 받아들이는 태도가 되어 있다. 어떤 조건이든 내가 받아들이는 태도가 관건이다. 자기 프레임에서 벗어나는 것이 좀처럼 쉽지 않다. 나름 거리를 두고 자신을 돌아보면 식견과 통찰이 생겨난다. 내면의 성찰을 통해 내면의 흠을 감싸주고 그 생채기를 통해서 새살이 돋아나므로 받아들이려 노력하자. 자기 합리화는 가장 큰 적이다. 자기 객관화는 더 나은 자신으로 향할 수 있는 도약의 점프다. 인간은 착각 속에서 살기 쉽다. 그것에서 벗어나기 위해서는 책을 통해서 변화를 주고 상상력을 발휘해야 한다.

세상에는 공짜가 없다. 콩 심은 데 콩 나고 팥 심은 데 팥 난다. 자연계에 존재하는 법칙을 생각해보자. 아무리 어렵고 힘들다 하더라도 벗어나기 위해 노력한다면 훗날 감동적인 스토리가 되어 다른 사람들에게도 도움이 될 것이다. 힘들다고 탓하지 마라. 역전하기 위한 과정으로 생각하라. 꿈을 향한 방향성만 가지고 있다면 언젠가는 꿈이 현실이 될 가능성이 높다. 자기 관성을 벗어나기 위한 처절한 노력이 필요한 것도 이 때문이다.

모든 일에는 양면이 존재한다. 양면을 따지는 힘을 키우기 위해서라도 책 읽기가 그 바탕이 되어야 한다. 자기의 논리를 만들고 이해시키고 타인을 설득시키기 위해서는 목적 있는 책 읽기가 중요하다. 기억력의 한계는 늘 있다. 단순한 행동의 반복으로는 결코 차이를 만들 수 없다. 나는 올해부터 목적있는 독서를 시작했다. 그러한 습관을 들이는 대도 고통에 따랐다.

그리스 작가 니코스 카잔 카키스는 "현실은 바꿀 수 없다. 하지만 현실을 보는 눈은 바꿀 수 있다. 모든 것은 보는 눈에 따라 달라진다." 라고 했다. 어떤 시야를 가지느냐에 따라 미래도 달라진다. 풍부한 독서가 바탕이 된다면 깊은 안목으로 목표에 근접하게 될 것이다.

자신과의 문답법을 시도해보자. 기존의 관성과 타성을 버리고 더 나은 대안에 관해서 생각해 보자. 관성으로부터의 탈피는 결국 자신만이 할 수 있다. 개인의 창조적 능력을 높이 평가하는 시대다. 시대의 패러다임에 최소한 발맞춰갈 수 있도록 해주어야 한다. 개인의 창의력이 그냥 생기는 것이 아니다. 내 생각을 키워주려면 생각의 정리가 필요하다.

독서를 농사에 비유하고 싶다. 시골에서 농부들은 선량한 마음을 가지고 있다. 매일 땅에 나가 일하는 모습은 존경스럽다. 절대로 과정을 뛰어넘지 않는다. 그날그날 열심히 살아간다. 책 읽기도 마찬가지다. 현재의 삶에 긍정성을 두고 아무리 힘들어도 이 또한 지나가리라 라는 믿음으로 버티어야 한다. 차동엽은 '잊혀진 질문'에서 "모든 것이 잃었다고 생각했던 그 순간이 오히려 모든 것을 얻는 시작점으로 작용할 수 있다. 그 실마리가 긍정적인 생각이다." 라고 말했다.

10여 년 전에만 해도 다름과 틀림을 잘 구분하지 못했다. 내가 옳다는 사고방식이 너무 강해 '나는 선이고 반대자는 악이다.' 라는 이분법적 사고방식이 아주 강했다. 아마도 책을 읽지 않았으면 그 사고방식을 벗어나지 못했을 것이다. 그만큼 나 역시 기성세대들처럼 획일화, 일원화 방식에 익숙해져 그 방식이 맞는다고 느꼈을 뿐 다름이나 틀림에 대해 생소했다. 독서를 통해 타인의 생각을 받아들일 수 있게 되었다. 이것이 책 읽기의 힘이다. 남과 다른 생각을 옳고 그림이 아닌 '다르다'라고 생각하는 것이 내게는 큰 울림으로 다가왔다. 그래서 내 생각을 고집하기 보다는 다른 사람도 그렇게 생각할 수 있다고 생각하게 되었다. 꾸준한 독서를 통해 나를 전보다 조금 더 성장시킨 계기가 되었다. 일상의 변화 없이 다른 결과를 바란다는 것은 어불성설이다. 막연히 잘될 거라는 믿음보다는 현재를 보다 잘되게 하기 위해서는 어떤 행동을 선택해야 할지 진지하게 고민해 보자.

꿈에 대해 진지하게 생각해보자. 자기자신과 대화를 해 보자. 연습이 안 되면 쉽지 않다. 책을 읽으면서 관성에서 벗어나려면 새로운 생각을 하라! 생각의 전환이 변화의 원천이다.

시간을 다시 활용해 보자

시간은 누구에게나 공평하게 주어진다. 다만 활용이 문제다. 나폴레옹은 "오늘 나의 불행은 언젠가 내가 보낸 시간의 보복이다."라고 말했다. 오늘 보낸 시간의 합이 미래에 향기로 다가올지 잿빛으로 다가올지 알 수 없다.

시간을 보내는 루틴을 먼저 점검하는 연습을 해 보자. 사람은 아침에 일어나서 밤늦게 잠들 때까지 일상적인 관성을 가진다. 그 패턴을 바꾸기 위해서는 먼저 시간의 쓰임새를 확인해야 한다. 물론 직장인은 출근하고 업무를 수행하고 퇴근하는 일을 반복한다. 그래서 특별히 고쳐질 것이 없다고 생각할 수 있다. 일과 시간은 어쩔 수 없다. 조직 생활할 때 시간 관리를 나태하게 하면 퇴직 후 후회하게 될 수 있다. 먼저 조직에서 나온 사람 입장에서 말하자면 일과 이후에 시간을 어떻게 보내는지 한번 점검하길 바란다. 무엇을 개선할 수 있는지 파악해 보는 연습을 했으면 한다.

주5일 근무는 오래전부터 실시해 왔다. 휴일에는 단순히 쉰다고 생각하고 취미 생활에만 열중하지 말고 학습적으로 무엇이 필요한지를 파악해 보자. 나는 주말에 동네 도서관에 가면서 독서 습관을 만들었다. 주변에 공공 도서관이 가까이 있으면 여러모로 편리하다. 일주일에 하루 정도는 도서관에서 보내며 나를 위한 투자 시간으로 잡는다. 도서관에는 보고 싶은 책의 거의 다 구비되어 있다. 또한 잡지도 볼 수 있다. 그러니 도서관에 자주 가는 습관을 들이는 것이 과제로 남는다. 우선 관심사가 무엇인지부터 스스로 질문해 보자. 그에 답하기 위해서 무슨 준비를 해야 하는지부터 파악해보자. 나는 주로 인문학 관련 책이나 리더십 자기계발 관련 책을 주로 읽었다.

하루하루 감사의 마음으로 읽다 보니 행복감은 배가 되었다. 더이상 남들과의 비교하지 않게 되었다. 나 자신에게 물어보곤 한다. '오늘 하루는 잘 보냈느냐.'고. 설령 무의미했다 하더라도 나 스스로 어깨를 톡톡 건드려준다. 부족한 부분이 있다고 해도 다음에 잘하면 된다고 생각하며 자신을 너무 자책하지 말자. 스트레스는 독소로 작용한다. 스스로에게 격려를 많이 해주어라! 내가 변하는 시작점은 시간을 어떻게 쓰는지확인하고 내 삶의 목표와 꿈을 매개체로 하여 시간을 다시 세팅하는 데 있다.

4차 산업 혁명 시대에는 개인의 지적 역량과 경험을 첨단 시스템에 의해 세상과 공유한다. 일방적 정보만을 받기 위한 시대에서 벗어나 자기의 경험과 콘텐츠를 살려 세상에 공유함으로써 더욱더 행복하게 살 수 있다. 주변과 더불어 공유함으로써 삶의 무게는 훨씬 가벼워진다. 세상에는 참 나름의 장기를 가진 사람들이 많다. 서로 공유하면서 영향을 미치면 모두에게 도움이 된다. 뭔가를 고민하고 앞서 타인들은 어떤 계획에 따라 실천했는지를 먼저 파악하면 좋다. 그 방법이 바로 독서다. 자신의 내면의 가치가 쌓일수록 외장 치장에 무신경하고 내면 가치가 없는 사람일수록 외장에 신경을 쓴다고 한다. 단순히 자신만 즐기면서 물욕이나 앞세운다면 그 가치는 오래 못 간다. 삶의 의미와 가치를 찾고자 한다면 시간의 관념과 사용을 바꿔보자. 100세 시대라는 말은 우리에게 새로운 경험이다. 우리 부모 세대들도 평균 생존 연력이 80세가 넘었다. 지금 청년세대는 부모세대 보다 못살 수 있는 세대라고 언급한다.

차동엽은 "이구백 : 20대 90%는 백수, 장미족 : 장기간 미취업자, 삼팔선 : 38세가 되면 퇴출 대상 은퇴세대 역시 미래 노후의 불안감은 마찬가지다. 국민 10명 가운데 4명은 100세 시대가 축복이 아니다는 조사 결과가 나왔고 100세까지 살면 노년기가 너무 길어지고 빈곤과 질병 소외와 고독 등의 문제와 계속 안고 살아야 하기 때문이다."라고 말했다.

삶이 축복일지 불행일지 사전 준비가 반드시 이런 면에서도 필요하다. 40년 전보다 30~40년의 생존 주기가 늘어나 은퇴 이후의 삶을 진지하게 고민해볼 필요가 있다.

우리 삶은 알게 모르게 세상의 패러다임 속에서 아주 조금씩 변한다. 90년대 초에는 동네에 비디오 가게가 곳곳에 있었다. 하지만 지금은 볼 수가 없다. 또한, 사서 먹는 김치는 생각도 못 했다. 어느 순간부터 김치를 사서 먹는 가정이 훨씬 더 많아졌다. 이제는 물도 당연히 사서 먹게 되었다. 한 세대만의 큰 변화다. 세상사가 쉽게 변하지 않더라도 세상의 패러다임은 알게 모르게 조금씩 앞으로 나아가듯이 세상의 흐름에도 관심을 가지고 살아야 앞으로 삶의 방향 및 목표 설정하는 데에도 도움이 된다.

주변에서 책 읽는 네트워크를 만들어 보자. 타인과의 소통자리를 만들어 활발히 활동해 보자. 돈보다는 사람 가치에 대해 진지하게 고민해 보아야 앞으로의 미래를 어떻게 살아갈지에 대해 계획을 세울 수 있다. 현업에서 나와서 시작하면 시행착오나 위험성이 너무 크다. 삶은 늘 우리에게 희망과 절망의 양면을 주고받는다.

'한쪽 문이 닫히면 반대쪽 문이 열린다.'라는 말이 있듯이 닫힌 문만 보고 좌절할 게 아니라 열린 문을 보고 다시 도전할 수 있어야 한다. 아무리 절망이 크다 할지라도 희망 속에서 앞으로 나아갈 수 있다. 긍정의 이미지 훈련도 책 읽기를 통한 사전 훈련이라고 생각한다. 책 읽기 전에는 엄청나 스스로가 호전적이었고 특히 논리나 경쟁 면에서 내가 옳다는 증명을 해 보이고자 타인의 의견을 듣지 않고 내 마음속에 결론이 최상인 양 경쟁하다 보니 상대적으로 적도 많았다. 조직 생활에서는 내 편이 많아야 생활이 즐겁듯이 나는 정반대 논리로 살아왔다.

그러다 보니 직장 생활에서 스트레스도 많았고 건강도 많이 안 좋아 갑상샘 항진증이라는 병도 얻게 되었다. 그 당시에는 잘 몰랐는데 내 몸의 호르몬 균형이 지나치게 비정상이 되다 보니 쉽게 화내고 감정의 조절에서 잘 안 되다 보니 그런 병도 얻었던 것 같다. 당시에는 몰랐다가 종합검진을 하면서 알게 되었다. 10년 가까이 약으로 치료하다가 의사의 권유로 수술을 하여 갑상샘을 제거했다. 지금은 호르몬 약을 먹는 중이다. 전처럼 급격히 화내고 감정의 기복이 크지 않은 것 같다. 몸의 내면에서의 균형도 있겠지만 이 모든 습관의 변화는 책 읽기가 있어서 가능했다. 알게 모르게 책에서 좋은 내용의 글귀가 체화된 것 같다. 쉽게 짜증 내거나 화내거나 하지는 않는 것이 책을 통한 나름의 방법을 터득했기 때문이다.

긍정적 이미지 훈련 연습도 그냥 따라오는 것이 아니다. 늘 좋은 글을 읽으며 내 생각의 근원을 먼저 좋은 쪽으로 돌려야 한다. 그래야 생각의 범위가 점차 바뀌어 나간다. 그렇지 않으면 원래의 관성대로 움직일 뿐이다. 요즘에 많이 회자하고 있는 갑질 경영도 내면에 자신만의 가치가 없어서 일어난다고 본다. 인문학적 소양은 사람에 대한 경외심, 존경심으로부터 나온다고 생각한다. 내가 돈이 있다고 타인을 무시하는 것은 내면의 가치가 오로지 이기주의와 물욕밖에 없기 때문이다. 무엇이 그들을 그렇게 만들었을까?

우리가 명심해야 할 가장 큰 가치는 사람은 더불어 살 수밖에 없다는 것이다. 사람인의 의미 '人'을 다시 한 번 되새겨 보자. 세상에는 평범하게 자기 생활에 만족하면서 하루하루 열심히 일하고 남에게 피해 안 주면서 사는 사람들이 훨씬 더 많다. 전에는 그냥 묻히고 넘어갈 일들이 이제는 인터넷과 발전과 더불어 바로바로 사진 찍어 나오기도 한다. 일반 사람들은 그냥 넘어갈 수 있는 것이 사회 지도층이나 가진 자들에게는 더 큰 책무를 요구한다.

지탄받는 사람들도 있지만, 귀감 받는 분도 많이 존재한다. 최근에 돌아가신 위안부 출신 김군자 여사도 평생을 힘들게 사셨어도 국가에서 나오는 보조금을 개인을 위해 쓰지 않고 사회에 필요한 곳에 다 기부하고 생을 마감하셨다. 그 뜻이 고이 간직되어 주변에도 더 큰 영향력으로 발전되었으면 한다. 많이 배우고 못 배우고의 차이가 아니라 그분의 심성은 인간에 대한 사랑이 큰 가치를 품고 있어 인간 사랑에 끝없는 믿음으로 다 내려놓고 사회에 크게 이바지하시고 이 땅을 떠나셨다.

읽어서 양면을 보자

우리나라의 독서 인구는 대략 5백만이다. 5백만은 나라 전체 인구 중 약 10% 정도에 해당한다. 하물며 작가는 1% 미만일 것이다. 독서는 많은 사람들이 즐기는 취미지만 꾸준히 하는 것이 어렵다.

자기 계발서나 실용서를 읽으면 머릿속에서는 나도 그렇게 될 수 있다는 생각이 든다. 하지만 좀처럼 행동까지 변하지는 않는다. 내면에서 움직이는 감동의 소리와 겹쳐져야 마음이 움직인다. 그렇지 않으면 작심삼일로 끝난다. 나도 마찬가지다. 이론에는 공감하면서도 실행을 하려면 다시 원점으로 간다.

무엇보다 끈기가 중요하다. 끈기를 기르기 위해서 그와 관련된 수많은 강연을 보았지만 쉽게 길러지지 않는다. 그래서 글 쓰는 것 자체가 두려운 지도 모르겠다. 이것은 어쩔 수 없었어! 누구라도 나라면 그럴 거야. 스스로 못한다고, 재능이 없다고 굴복하기도 했다. 겉으로 드러난 이유다. 하지만 나 스스로가 나는 못해 나는 재능이 없어 끝없는 외침에 굴복하기도 했다.

최근에는 교육 과정에서 배운 카드 뉴스를 통해서 몇 줄 안 되는 짧은 문장이지만 유명인들의 얘기에 나의 생각한 줄 정리하는 것을 페이스북이나 카스를 통해서 꾸준히 공유해 본다. 누가 보든 안 보든 상관없이 쓰는 것에 집중한다. 하나의 훈련으로 생각한다. 글을 잘 쓰기 위해서는 좋은 글도 읽어야 하지만 꾸준히 글을 써보라는 작가님의 지침에 따라 양을 채우는 목표로 해서 채워나간다. 따로 배운 적은 없다. 그만큼 체계적인 기초 지식은 없을지라도 책 읽기를 통하여 삶에 변화하는 것을 경험과 배움을 통해서 행복감을 더 크게 느껴 이런 감정을 공유하고 싶어서다. 좀 더 체계적인 배움을 위해서 독서 지도 과정을 인터넷을 통해 최근 수강 신청하였고 지금 현재 과정을 마쳤다.

세상에는 똑똑한 사람만이 다른 사람에게 감동을 불러 자극을 주는 게 아니다. 사랑 애 愛가 표현된 어느 춘노의 아낌없이 주는 나무처럼 삶의 스토리가 더욱 사람의 마음에 공감대를 불러일으킨다. 겉으로 드러난 스펙이나 경력의 허울이 아니라 내면에서 나온 자기 스토리가 공감대를 불러일으키는 것이다.

아무리 환경이 어렵고 힘들더라도 절망보다는 희망의 긍정 속에서 살아가고픈 욕구가 생긴다. 세상은 선택과 양면이 있다. 책은 늘 바른 선택을 위한 사전 준비 단계를 만들어준다. 그리고 부정보다는 긍정성에 방점을 둔다. 책만큼 효용적 가치가 큰 것은 이 세상에 없다. 책은 누군가에게 위로의 눈물을 주고 누군가에게는 희망의 불빛이 되어준다. 책에 대한 장점은 무수히도 많다. 그런데도 책 읽기가 쉽지 않은 것은 꾸준함의 연속과 생각하는 힘 그리고 쉽게 타파되지 않는 관성의 벽 때문이다.

각자 생각하는 방식의 차이도 있겠지만 사람마다 보다 서양 문화와 동양 문화의 차이가 크다는 것을 몇 권의 책을 읽으면서 크게 공감했다. 사고방식의 차이와 문화 깊이 관련되어 있다는 것도 역시 책을 통한 인식을 가질 수 있는 좋은 기회가 되었다.

우리가 어디에 속해 있느냐에 따라 생각의 지배를 받듯이 주로 읽은 책 읽은 것에서 생각이 변하지 않을 수도 있다. 따라서 고정 관념도 함께 생성될 수 있다. 그러니 책을 하나의 단면으로만 보지 말자. 꾸준히 서로 다른 책을 통해서 본질에 대해서 생각하면서 읽도록 하자. 자신만이 관점을 가지기 위해서는 생각의 차이를 인정할 줄 알아야 한다. 내 생각이 정말 내 생각에서 나온 것인가? 내 생각도 어쩌면 남의 생각에서 출발했을지도 모른다. 생각만큼 읽은 만큼에서 생각은 변하기 마련이다. 그래서 편협한 독서가 아닌 다양한 독서로 이어어져야 한다.

환경에 대한 영향를 무시할 수 없듯이 자기가 읽은 책 내에서 벗어나지 못한다면 생각의 관점은 점점 엷어진다. 그래서 다른 생각의 관점을 갖기 위해서는 다른 생각의 깊이도 가져야 한다.

카프카는 '변신'에서 "우리가 읽은 책이 우리 머리를 주먹으로 한 대 쳐서 우리를 잠에서 깨우지 않는다면 도대체 왜 우리가 그 책을 읽는 거지? 책이란 무릇 우리 안에 있는 꽁꽁 얼어버린 바다를 깨뜨려 버리는 도끼가 아니면 안 되는 거야."라고 말했다.

사람이 습관의 동물이라고 했던 것처럼 일상의 행동은 반복을 한다. 그저 책을 눈으로 읽고 머릿속으로 이해하는 범위에서는 변화를 이끌어내기 어렵다. 그만큼 습관의 임계점을 뛰어넘기가 힘들다. 어느 작가인들 쉽게 자연스럽게 써 내려간 작가가 있겠는가? 분명히 포기할 만큼의 임계점은 반드시 나오기에 노력해야 한다.

습관처럼 책을 보는 시간을 일정하게 가지도록 하자. 뇌가 쉽게 가소화 되어

변형될 수 있도록 해 보자. 독서 관련 동영상을 보니까 '배움에 대해 고정형과 성장형 사고방식에 관해 설명하는데 고정형은 자신을 합리화하는 데 쓰고 성장은 배움으로써 더 큰 도전 할 기회를 제공한다는 측면에서 누구나 성장 형이 될 수 있다'고 전했다. 재능이 아닌 꾸준함의 지속이야말로 좋은 습관 형성의 가장 큰 기초라고 생각한다. 누구나 다 할 수 있고 어느 특별한 사람만의 전유물이 아니라고 한다.

　습관의 기초가 잡히는 데는 21일을 소요하고 정착하기까지는 66일이 소요된다고 한다. 독서 습관이 들기 위해서는 대략 15주 정도 걸린다. 그만큼 책 읽기는 습관을 지속성시키기 어렵다. 그럼에도 좋은 습관의 파괴는 한순간이다. 하루 이틀 핑계 대면 언제든 자기 합리화 과정으로 들어갈 수 있다. 책에서 전하는 가치를 거울로 삼아 실천력을 키우기 위해서는 작가와 나를 비추어봐라. 책 읽기의 긍정성은 희망을 주기에 비록 우울감에 팽배해 있을지라도 희망의 끈을 연결하면 자연스레 우울감도 사라진다고 한다. 뇌는 한 번에 한 가지밖에 생각을 못 하니까 다른 생각을 함으로써 벗어날 수 있듯이 책 읽기를 통한 배움은 다른 생각 확장에도 도움이 될 뿐 아니라 읽은 것을 타인에게 가르쳐 줌으로써 자신은 더 많이 배울 수 있다고 한다. 책 속의 양면뿐 아니라 세상의 긍정성도 책 읽기를 통해서 자신의 관점을 바꾸기 나름이다.

제3장
독서의 힘

2007년 처음 리더십 교육 후 책에 관심을 두고 책을 읽은 지 10년이 지났다. 책을 읽으면 사람을 성숙하게 해준다. 내가 잘 인식하지 못해도 주변에서 많이들 애기해줘서 내 생각이 많이 변했다는 것을 깨닫곤 한다. 윌리엄 제임스는 "인간은 생각대로 움직인다." 라고 말했다. 이 말이 가슴에 새겨졌다.

다른 것은 몰라도 인간에 대한 사랑과 태도에 관련해서 확실히 성숙해진 것 같다. 평소 나 자신과 관련하여 생각해 본적도 많이 없다. 나의 생각 없이 시스템 내에서 익숙하게 적응해왔다. 책을 읽으면서 '나는 누구인가?' '제대로 가고 있는가?' 라는 질문을 던지게 되었다. 때로 부정적 생각에 휩쓸릴 때도 이런 질문은 던지면 부정적 생각에서 벗어날 수 있다. 또한 남을 의식하는 버릇에서 벗어나 나 자신을 성찰하게 되었다.

소크라테스는 "너 자신을 알라." 라고 말했다. 자신의 무지를 인정하는 것이 자기자신을 알기 위한 첫 번째 조건이다. 책을 읽으면 스스로에 관해서 생각해볼 수 있는 동기부여가 된다. 머릿속에 돌아다니던 리더십, 소통, 경청, 창의, 토론의 키워드를 실행에 옮기는 숙제가 남았다.

한때 나는 내 주장만 옳고 타인은 잘못되었다고 생각했다. 토론을 벌이면 논쟁이 되곤했다. 그러다 보니 감정의 골이 깊어져 조직내에서 군이 부딪히는 일은 만들지 말아야겠다고 생각했던 것 같다. 그러면서 점점 시스템에 순응하는 사람이 되었던 것이 아닐까 생각한다.

타인을 존중하는 마음이 갑자기 생길 수 없다. 편협한 시각을 갖지 않기 위해서는 풍부한 독서로 자기 주체성을 가져야 한다.

요즘은 초등학교 때부터 토론식 수업을 한다고 한다. 우리 문화가 토론이 매우 약한 것은 '왜' 라는 질문이 없어서다. 나도 과거의 권위주의적 주입식 교육의 틀에서 익숙해진 것 같다. 내 생각은 옳고 다른 이는 생각은 그르다는 인식 하에서 감정만 앞서다 보니 토론이 아닌 감정싸움으로 변질되곤 했다. 특히 조직 내에서는 조직의 장에 일방적인 방식으로만 가니 토론 자체가 불가능하고 일방적인 지시의 전달로 흐르는 게 일상적 조직 내 모습이다. 볼테르는 "우리들의 부싯돌은 부딪혀야 빛이 난다." 라고 했다.

서로 다른 견해가 부딪히면서 진리가 스스로 드러난다. 다른 생각을 받아들이는 것은 토론의 가장 기본적인 태도다. 사회적 시스템이 경쟁 사회 내에서 살아남기 위한 활동에만 치중하다 보니 물질적 욕구만을 내세우게 된다. 내 삶은 누구를 위한 삶인지 생각해 보자. 톨스토이는 " 당신에게 소중한 사람은 누구인가? "라고 물었다. 바로 옆에 있는 사람이다. 지금에 성실히 최선을 다하자. 미래에 대한 불안감에 나를 맡기지 말자. 인간이 불확실성에서 불안해하는 것은 본능이란다. 다만 생각을 전환하고 다른 생각을 집어넣는 것도 자신이다. 스스로 희망성과 긍정성을 불어넣으려면 책이 필요하다.

책을 읽으면 고정관념에서 벗어날 수 있다. 타인의 지식과 지혜를 받아들이면 유연한 생각을 할 수 있다. 과거의 주입식 암기식 사고에서 벗어나 내 생각을 정립하기 위해서는 책을 통한 창의적 사고가 필요하다. 수많은 책에 작가의 경험과 생각이 그대로 녹아 있듯이 이론에서만 끝내지 말고 내 생각을 만들어 내자.

길들여진 생각 속에 나만의 생각을 꺼내는 것은 고정관념이 추가된 것이나 다름없다. 생각은 대화나 토론 나의 생각, 쓰기를 통해서 정립이 된다. 편협한 시각에서 벗어나기 위해 인간에 대한 이해가 필요한 인문학적 책을 가까이하여 사고력을 키워 보자. 우리 베이비붐 세대는 집단주의 의식에 아주 익숙하다. 조직내 틀에 맞춰 튀지 않게 살아왔던 그 모습이 내 모습이다. 쉽게 변하지 않는 것이 사람이다. 하지만 학습을 통해서 습관을 개선할 수 있다. 내 책 읽기가 나만의 학습을 넘어 주변까지 확대되기 위해서는 글쓰기를 하면 좋다. 나의 독서력이 주변에도 영향력을 미치도록 네트워킹도 해가면서 조금씩 넓혀보자. 세상에 선한 영향력이 펼쳐지도록 나로부터의 변화를 책 읽기를 통해서 글쓰기와 함께 다시 한번 시작해 보자. 작심삼일도 반복해서 매일 같이 쓰는 힘을 믿어보자. 머리로 쓰는 것 아니라 진중한 엉덩이의 힘을 믿고 손가락으로 쳐서 글이 써지듯이 꾸준한 반복의 힘을 믿고 나아가보자. 과정 없는 좋은 결과는 없다.

종이책의 위력

불과 7년 전에만 하더라도 종이책을 단시간 내에 없어질 것이라고 미래 관련 학자들이 예상했었다. 그러나 약간 줄어들기는 했어도 꾸준한 종이책 독자에 의해 지금도 출판되는 양은 여전히 차이가 거의 없다. 물론 전자책은 조금씩 증가하는 경향을 보인다고 한다.

독서가 왜 필요한지 다시 한 번 정리해 보자. 한 연구에서 종이책과 전자책을 대비하여 인간의 상상력을 테스트한 결과 전자책은 실험 참가자 전부 상상하는 그림을 같게 그렸는데 종이책은 전부 제각각이었다고 한다. 인간만이 사유하는 데 있어서 종이책은 내용에 대해 각자의 무한한 상상력을 보여주는 것이다. 그래서 종이책 읽기에 대한 위력을 정리해 본다.

첫째, 종이책은 세상을 넓게 보는 마음의 눈을 갖게 해 준다.

고정관념이나 편협한 생각에서 벗어나 새로운 생각을 하기 위해서는 배워야 한다. 학습은 독서를 통해 이루어진다. 책을 읽다 보면 사리를 분별하게 되고, 세상에서 자신의 현재 위치를 알 수 있다. 자신의 꿈을 위해 무엇을 해야 할지 스스로 깨달을 수 있다. 책 읽기는 지식을 넘어 삶을 사는 지혜와 통찰을 주기 때문이다.

둘째, 독서를 통해 타인의 삶을 경험함으로써 소통하는 능력을 키울 수 있다. 움베르토 에코는 "자기 안에 있는 타자(他者)를 발견할 때 사람은 비로소 윤리를 얻는다."고 하였다. 책 속에는 나와 다른 수많은 삶이 담겨 있다. 타인의 고통과 실패, 슬픔을 보며 현재의 나를 돌아보고 위로를 받을 수 있다. 책은 시간과 공간의 한계를 뛰어넘어 수많은 타자를 만나게 해 준다. 타인의 삶을 알게 되고 그들의 인격을 존중하며 소통하는 방법을 발견할 수 있다.

셋째, 책 읽기는 새로운 생각을 촉진하고 유발한다. 책을 읽으며 생각을 하다 보면 새로운 생각이 떠오르는데 이것이 바로 창의성이다. 자신의 분야에서 창의성을 발휘해 두각을 나타내는 이들은 대부분 책을 많이 읽는 사람들이다. 무에서 유를 창조하기는 힘들다. 기발한 아이디어는 독서를 통한 수많은 사고 속에서 서로 간의 연결된 융합된 사고로 개선되면서 만들어진다. 의무감으로 읽는 독서는 즐거움이 아닌 노동이다. 고민하고 생각하지 않는 독서는 스마트폰 검색과 다를 바 없다. 끊임없이 질문하고 생각하며 책을 읽을 때 책은 다른 생각의 차이를 인정함으로써 융합된 새로움이 창조된다. 4차 산업 혁명이라는 지금 이 시기에 반드시 잡아야 할 습관이다.

넷째, 책 읽기는 나를 찾아준다. 작가가 주장하는 요점을 파악하고 때로는 의견을 달리하는 사고의 집합 속에서 나 자신이 거울에 투영해 보면 마음의 거울이 되어 비친다. 그래서 기존에 익숙해 있던 내가 새로움을 받아들이면서 새로운 나로 다시 만날 수 있다. 책 읽기는 수면 시 편안한 잠을 유발한다. 전자책은 불빛으로 인한 뇌에 활성화에 영향을 미쳐 수면의 질에 영향을 미치지만,

종이책은 뇌에도 좋은 뇌파로 연결한다. 그래서 수면의 질을 높일 수가 있다.

다섯째, 책 읽기는 행복감을 늘려준다. 뭔가를 집중해서 읽는다는 것은 뇌 가소성으로 집중력을 향상해준다. 책을 몰입해서 읽게 되면 무아지경에 이르듯이 잡생각이 들어올 틈이 없다. 행복감은 자신이 좋아하는 일에 빠질 때 아무 생각 없이 몰입의 즐거움을 아는 것이다. 집중한다는 것은 뇌의 효율을 최대로 가동하는 것이다. 따라서 뇌의 효율이 떨어지는 것을 방지해준다. 읽기를 통해서 책으로부터 얻는 즐거움이 온전히 자신뿐 아니라 다른 사람들에게도 행복 바이러스가 펼쳐져 주변 관계까지 좋게 한다.

책읽기에 익숙한 상위 0.1%의 학생들은 자신에 대해 정확히 아는 반면 중하위권 층은 학원에 다닌다는 안도감을 느끼는 경우가 많았다고 한다. 책 읽기는 내용 파악에 강해지게 하고 상대방이 요구하는 정확한 요점을 찾을 수 있는 능력이 생기게 한다. 그만큼 소통 능력이 더 생기는 것이다. 무엇이 중요한지도 빨리 파악하는 능력이 생긴다. 타인에게 설명할 때도 자신이 알고 있는 것을 정확히 전달하는 능력도 보통 사람보다 우수하다는 것이다.

'완벽한 공부법'에서 "메타인지는 1976년 미국의 발달심리학자인 존 플라벨이 만든 용어다. 메타인지는 자신의 인지 과정에 대한 인지능력을 말한다. 즉, 내가 무엇을 알고 무엇을 모르는지 내가 하는 행동이 어떤 결과를 낼 것인지에 대해 아는 능력이다." 라고 말한다. 즉, 무엇을 알고 무엇을 모르는지를 정확히 안다는 것이다.

메타인지는 회사 생활에서도 매우 중요하게 쓸 수 있다. 회사는 늘 문제의 연속이다. 해결을 위해 팀별, 개인별 회의도 많이 한다. 문제 해결력은 다양한 사고를 매개로 한다. 그래서 책을 읽은 후의 작가의 요점을 파악하거나 독후감이나 서평 쓰는 과정이 비슷하다. 그래서 고도의 문제 해결 능력을 드높여준다. 대신에 암기 위주는 내용의 반복이다 보니 문제 해결 능력에 전혀 도움을 주지 못한다. 메타인지 능력을 향상하기 위해서라도 다양한 독서 독후감 서평 쓰기 등 나름의 재해석 할 수 있는 대안 능력을 마련함으로써 문제 해결 및 소통 능력에 큰 영향을 미친다.

아는 것과 잘 가르치는 것은 완전히 다르다. 흔히 많이 알면 잘 가르친다고 곡해를 한다. 전문가 집단일수록 이런 오류 경향이 강하다. 지식의 저주가 되지 않도록 상대방의 입장에서 알아들을 수 있도록 해야 자연스러운 소통의 하모니가 형성된다. 상대방의 처지를 이해한다는 것이 머릿속에서 이해하면 이런 오류는 언제든 발생할 수 있다. 그래서 리더들은 늘 소통에 방점을 두어야 하고 상대방의 의견에 경청이 필요한 것이다. 내가 하고픈 일방적 전달의 의견이 아니라 상대방이 듣고 싶은 미사여구가 아닌 자발적 동기 부여가 되기 위해서는 상대방의 가슴에 감동이 물결이 쳐야 마음에 동력을 얻을 수 있다. 일방적 전달식 교감은 매일 같이 반복되면서도 고쳐지지 않는다. 왜 반복할까? 생각의 변화 없이 행동이 나올 수 없듯이 반복되는 행동 속에서는 늘 같은 반복밖에는 나오지 않는다. 뭔가를 바꾸기 위한 사전 준비가 나는 우선 책 읽기라고 생각한다.

모든 사람이 책을 읽기를 원한다. 다만 시간이 없을 뿐이라고 핑계를 댄다. 과연 그럴까? 하루 24시간의 흐름을 한 번 더 질문해 보자. 누구에게나 공평한 24시간 운용하는 것은 사람마다 천차만별이다. 하루에 30분은 누구에게나 낼 수 있는 시간 자투리이다. 일어나서 밥 먹고 나서 이동 중에 잠자기 전에 하루에 30분의 투자만으로도 실용서나 자기 계발서 25페이지 내외는 충분히 읽을 수 있다. 하루 30분, 30일 900분이 나온다. 15시간에서 한 책 당 5시간 잡으면 3권 정도는 짬짬이 시간으로도 3권 정도는 읽는 시간이 확보된다. 타인의 직접 경험을 읽고 나를 대입하여 전보다 나은 자신을 위해 작은 시간부터 요령 있게 쓰는 시간을 확보해서 실시해 보자. 시간의 허튼 흐름을 생각해 보자. 마음의 의지만으로는 작심삼일이 될 확률이 높다. 꾸준히 지속하기 위한 습관의 틀을 만들기 위해서는 '의도적인 21일 작전'이 필요하다. 주변에 반드시 책이 있게 하자. 어디서든 책을 바로 볼 수 있도록 하자. 왜 책을 읽어야 하는지 이유부터 명확하게 해보자. 무엇을 어떻게 할지 보다 왜 책 읽을 읽어야 하는지 근원적 이유를 찾아야 자기 꿈이나 목표와 연계하여 지속적인 내부 동력을 얻을 수 있다.

세상에는 성공한 사람들이 많이 있다. 생각의 굴레에서 벗어나기 위해서는 성공한 사람들의 스토리를 통해서 자기반성으로 시작하여 그들의 습관이나 꿈을 통해서 내 길을 만들기 위한 자기 과정이 필요하다. 내 안에서 자기 관성을 탈피하고자 하는 노력해 보자.

나 역시 10년간이나 단순히 책을 읽고 정리하는 데 그치다 보니 여전히 실행력이 아직 많이 부족하다. 이것은 앞으로의 나의 과제이기도 하다. 하지만 생각의 씨앗은 나의 뇌리에서 깊이 자리잡고 있다. 인생에서 자신을 믿고 사랑하고 확신에 찬 자신감 속에서 내 인생이 우뚝 설 수 있듯이 나의 작은 변화가 나를 물론 변화시켜 내가 더 행복해하고 주변과 함께 배움을 나눌 수 있고 행동 변화가 주변에도 영향력을 미쳐 더불어 살아가는 책의 위력을 누구나 공감대를 통해서 마음의 이동으로 습관화되어 더 나은 삶을 위해 작은 실천 노력이 삶을 얼마나 행복하게 하는지를 같이 책 읽는 사람들과 공유해 보고 싶다.

시대가 발전할수록
읽어야 산다

세상의 빠른 변화는 좀처럼 피부로 느끼기 어렵다. 지나고 나서 아하! 하면서 그땐 그랬지라고 말하기 쉽다. 시대에 뒤를 따르면서 하루하루 지내면서 살아간다. 세월의 속도를 생각지 않는다. 다만 지나고 나서 후회할 뿐이다. 빠름 속에서도 본질과 가치가 있듯이 시대가 발전할수록 더욱더 명확히 해야 할 시대적 사명과 가치가 있다.

우리나라처럼 경쟁이 치열한 삶에서는 사회적 유행에 쉽게 동화되곤 한다. 겉으로만 보이는 유행으로 말미암아 내가 아닌 남에게 어떻게 보이는지 남의 시선에 관해 관심을 더 두기 마련이다. 시대의 발전은 분명히 물질적 풍요를 먼저 낳았고 모든 사람이 전보다는 조금은 더 잘살 수 있는 시대에 살았다고 생각하지만 갈수록 더해지는 부의 양극화는 세대 간의 차이를 넘어 이제는 전 세계적으로 하나의 추세로 잡아가고 있다. 나 역시 남들과 튀지 않게 평범한 직장 생활에서 조직 내 최선을 다하면 된다고 하면서 나에 대한 생각은 책 읽기 전에는 해보지 않았다. 그냥 일상의 평범함의 연속 속에서 겉으로 드러난 남과의 차이만 두다 보니 내 생각은 아무 의미가 없는 것처럼 그저 남들에게 뒤처지지 않으려면 남들과 같이 행동하고 따라야 한다는 생각이 늘 잠겨 있다. 그러다 보니 조그만 생활의 충격 속에서도 쉽게 자신이 못났다는 자기 비하감에 빠질 때도 많아졌다. 삶은 늘 변화의 연속이거늘 나만 왜 이렇게 뒤처져 있지 비교하는 습관도 쉽게 떨쳐 버리기 어렵다. 보이는 나를 남들이 어떻게 생각할까가 중요한 것이 아닌데 내 삶의 주인은 나인데도 불구하고 아무도 관심을 두지 않는 나인데 말이다. 단순히 쓴다는 것 자체로 마음은 온전히 나에 대해서 생각한다. 시대가 변해도 변하지 않을 가치가 중요하다고 느끼고 공감한 것은 그나마 인문학적 책을 주로 읽고 나서 생각해본 주제인 것 같다. 읽으면서 다시 느껴진다.

왜 인간에게 가치는 중요할까? 가치는 살아가면서 항상 품어야 할 핵심 가이드이기 때문이다. 무엇을 선택하건 개인의 자유이자 책임에 대한 결과도 따르겠지만 스스로가 행복해지자고 늘 외치면서도 나름 주변의 환경을 영향을 받는 것은 온전한 나보다는 주변에서 나를 어떻게 생각하면서 보느냐가 때때로 중요하게 느낀다. 주변 환경에 영향을 덜 받기 위한 사전 작업이 나에 대한 질문을 통해서 나를 인정하고 보듬는 생각이 먼저인 걸 알면서도 하루하루가 일상의 단조로움에서 벗어나지 못하다 보니 생각의 늪에 종종 빠져든다. 평범함은 무엇일까? 남들과 별 차이 없음이 안전하다고 느끼는 거겠지 내 삶이 아닌 남들과 비슷함 삶에서 안정감을 느끼고 거기서 벗어나면 초조해지고 불안해지고 북유럽의 레밍의 들쥐처럼 남과 같이 간다는 일종의 군중 심리처럼 일단의 무리 속에서 안정감을 취하면 취할수록 삶은 더 각박해진다. 삶의 여유 없이 당장 급한 것 위주로 생활이 흘러갈 수밖에 없다. 다른 생각을 할 여유가 없어지는 것이다. 하루하루가 모여 일주일이 되고 일주일이 모여 한 달이 되고 한 달이 모여 분기가 되고 분기가 모여 1년이 된다. 세월을 보내는 것이 아닌 내 생활의 일부로 만들기 위해서는 남과의 비교가 아닌 어제의 나와 비교하면서 하루하루를 재설계해 보자. 단순히 단기적인 목표만이 아닌 장기적인 목표와 함께 다시 한 번 써 보면서 목표를 재설계해 보자. 나 역시 읽고 쓰는 방식도 아날로그 형이었지만, 첨단 디지털 방식은 전보다 기억하거나 기록하는 면에서도 초보자도 쉽게 접근할 수가 있었다. 나 역시 이 글도 에버노트란 앱을 사용하면서 조금씩 쓴다는 것에 조금 더 수월하게 접근할 수 있었다. 전에 생각으로는 전부 머릿속에서 나와야 한다는 고정 관념 속에서 있었지만, 시대의 패러다임에 최소한 보조를 맞추어야 뒤처지지 않는다.

뒤처지면 배우는 것 자체를 포기하게 된다. 조금만 복잡하고 어려워도 요즘은 따라가지 않는다. 시대적 흐름에 벗어나도 일상의 평범한 생활에서는 삶에 큰 지장도 없다. 하지만 자기 울타리를 벗어나게 되면 현실적 어려움은 바로 닥치게 마련이다. 최소한도의 디지털 마인드는 시대가 아무리 빠르게 변해도 배울 건 배우면서 그에 따르는 즐거움을 느껴보자. 조그만 차이지만 보통 사람들이 글을 쓴다는 것 자체를 도전해 보고 싶다는 마음가짐도 쉽지 않다. 그만큼 마음의 장벽이 높은 것이다. 그럴 수록 도전 욕구가 생기기 전에 포기하게 만든다. 알다시피 글을 쓴다는 것 자체는 글을 쓰기 위한 재료도 같이 있어야 쓰기가 조금 더 쉽게 접근할 수 있듯이 재료에 대한 검색이나 정보의 저장 정리해서 모아 놓은 것 자체를 정리하기가 쉽지 않듯이 말이다. 에버노트를 사용해서 그나마 자료를 참고하고 정리하고 쓰기 시작한 것이지 이런 사전 준비가 없었다면 다른 사람들은 어떻게 써나갈 수 있을까 질문이 들 정도다. 이 글을 쓰는 시점에서도 전에 다른 글 쓰는 사람들은 어떻게 자료를 정리하여 글의 소재로 사용했는지도 여전히 의문이 남아 있을 정도다.

급하게 빨리 빨리만 외친다고 저절로 일이 완성되지 않는다. 모든 것이 순간마다 꼼꼼히 거쳐야 할 과정이란 것이 있다. 우리 삶에도 그런 과정의 연속에 있다. 인생은 마라톤이라고 하면서 정해진 길에 따라 남들과 같이 평범하게 뒤따라가는 인생이 있지만 각자 자기의 길을 가는 사람도 있다. 21세기는 각자 인생길에 자기 꿈과 목표를 두고 일생 자기 것에 집중하여 남들과 차별성을 만들어 나만의 명품인생을 만드는 일인 기업가들이 많이 만들어졌으면 한다. 그래야 좀 더 행복해질 수 있다. 그래서 젊어서 고생은 삶의 진수라고 생각한다. 경험은 돈 주고도 못 살 자기만의 본질을 경험을 체험하기 때문이다. 직접 경험은 알다시피 여러 제약이 있다. 바로 금전적, 시간적 제약이다.

그 경험을 온전히 책 읽기를 통해서 다양하게 겪어보자. 세상은 자기의 지식 공유를 통해서 세상이 조금씩 발전하듯이 실용 및 자기 계발은 책을 통해서 시행착오를 최소화할 수 있고 책 읽는 삶은 늘 과정이라는 시간의 충전이 필요하다. 빠른 만큼 못 보거나 넘어가는 경우도 있듯이 선택의 문제라고 생각한다. 빠른 삶에 선택할지 느린 삶에 선택할지 본인의 선택 사항이다. 시간의 노력은 절대 배반하지 않는다고 한다. 늘 반복 속에서 프로와 아마추어가 구분되는 것처럼 반복을 어떻게 받아들이냐의 차이다.

빠른 것이 대세이며 빨리빨리 가 우리를 급속하게 빠른 성장으로 이끌어 왔지만, 역으로 내적 성장은 그만큼 따라가지 못했기에 OECD 국가 중 행복 만족도는 하의 그룹을 벗어나지 못하는 것처럼 일장일단이 있기 마련이다. 앞서 언급했듯이 21세기 4차 산업 혁명 시대라고 하는 요즘은 역으로 느린 삶 기본을 갖추어진 시대가 역으로 필요한 시대라고 생각한다. 느림의 정수는 책 읽기다.

대충 눈으로만 읽는 독서로는 자기 생각을 갖추기 힘들다. 자기 생각을 만들고 작가의 생각을 정리해 내고 자기 나름의 반론도 만들어 낼 수 있고 적용해 나가는 것은 느린 책 읽기를 통해서만이 가능하다고 생각한다.

삶에도 우선순위가 있듯이 내 책 읽기도 우선 순위를 먼저 고려해 보라. 읽는 습관이 안 되어 있으면 먼저 자기 계발서나 실용서 위주로 줄을 쳐가면서 읽기를 추천한다. 천천히 정독하는 습관을 먼저 들이라고 권하고 싶다. 물론 개인차는 있을 수 있는데 내 경험상으로 책 읽는 습관을 들이는 것이 쉽지 않다. 책이 좋고 읽어야 한다는 것은 삼척동자도 다 안다. 먼저 변하려고 노력해야 하고 먼저 계획한 것을 실천하는 습관과 실천력만이 앞으로의 인생을 책임져 줄 수 있다는 자세로 출발해야 한다.

베이비붐 세대인 나는 2016년 말에 명예퇴직을 하고 새로운 직장을 계속 알아보는데 쉽지 않았다. 2017년 4월 29일 '정진일의 1인 지식 기업 전문가 과정'을 11주간 매주 토요일 10시부터 6시까지 자기 성장 아카데미에서 배웠고 7월 15일 수료하였고 재입교하여 수강 중이다. 직장인 대부분이 그렇겠지만 자기는 퇴직 안 하고 계속 다닐 수 있을 것처럼 생각하지만 현실은 자기 의지에 상관없이 경쟁력이 떨어지면 언제든지 자신에게 화살이 온다는 것을 명심하라. 직장생활 하시는 사오십 대 분들은 현직에 있어도 사전 준비하기를 권하고 싶다. 특히 자신이 잘 하는 것 위주 전문성은 앞으로 1인 브랜드 시대에서는 필수가 될 수밖에 없다. 두 번째는 자기가 좋아하는 것은 무엇인지도 자기와의 질문을 통해서 사전 준비도 필수다. 자기 인생의 책임 주체는 자기이니까 질문의 답을 찾고 선택하는 것도 자신이 될 수밖에 없다. 세상의 현실은 냉혹하다.

큰 뜻을 품어보자 생각의 크기보다 더 큰 행동이 나올 수 없듯이 뭔가를 시작하기에는 늦었다고 생각할 수 있는 나이다. 나의 결정을 늦추면 늦출수록 현실의 과정은 길어질 수밖에 없다. 일단 목표가 설정되면 하나씩 실천력을 키워 나가보자. 성공한 사람 모두는 반드시 힘든 과정의 늪을 지나왔기에 성공한 사람들이 모여진다. 성공한 사람치고 이면에 실패 없이 성공한 사람들 없듯이 과정을 지나쳐야 하는 굴레쯤으로 생각하자. 내 삶이 이 사회에서 도움이 되는 방향으로 영향력을 미치기 위해서는 철저한 자기관리가 먼저다. 내가 뭔가를 하는 것은 다른 행동을 통해서 다른 결과를 얻기 위함이다. 그래서 일인 지식기업 전문가 과정에서 나의 도전과제로 글을 쓰고 있다. 최소한 글을 쓰면서 딴생각 잡생각 없이 오로지 쓰기에 열중한다.

　나는 최소한 평범한 사람도 책을 읽으면 쓰기는 누구나 쓸 수 있어서 이 글을 쓰는 것이다. 쓴다는 것은 인간의 본성이라고 해서 또한 내가 쓰면 누구나 쓸 수 있다는 희망을 주기 위해서다. 꾸준한 것이 쉽지 않다. 하지만 빠른 세상살이에서도 느린 삶도 역시 세상에서 받아들여지고 나 혼자만이 아닌 주변과 더불어 어울려 살 수 있는 것도 책 읽기를 통한 삶의 본질에 한 발짝 더 다가서기 위함이다.

읽고, 생각하고, 글쓰기

읽기 전에 누구나 생각 속에 나를 먼저 대입시킨다. 무엇을 읽기 전에 나름의 생각을 한다. 하루에도 오만가지 생각을 한다고 한다. 마음의 뜬구름이 뜬 생각이다. 읽으면서 생각하다 보면 다양한 생각이 들어올 수밖에 없다. 읽으면 무엇이 달라질까? 전에 일단 읽으면 다른 생각이 들어올 틈을 주지 않는다. 그냥 읽으면서 생각하는 연습을 해보자. 아무런 생각 없이 읽을지라도 읽다 보면 그 자체에 빠져든다. 작가와 교감을 이룰 수 있어 작가의 의도를 먼저 생각하는 연습을 해보자. 작가는 전문가이고 독자는 평범한 사람이기에 작가 의견에 대부분 수용을 한다. 나는 그런 독서를 10년간 해왔지만 별로 남은 게 없다. 다만 내 머릿속에 각인된 내용은 일관되어 "좋은 생각이 좋은 행동을 유발한다." 이 문장이 머릿속에 남아 있어 큰 줄거리는 기억에 없더라도 틈틈이 정리된 내용을 보면서 마음의 평정심을 갖는다. 최근에 서평 쓰기를 배웠다. 읽고 생각하고 쓰기에는 서평 쓰기는 큰 도움이 된다. 먼저 독서법에서도 일단 많이 읽고 많이 생각하고 많이 써 보라고 한다. 하나의 진리다. 많은 생각은 머릿속에서 상상의 나래로 좋든 싫든 생각의 나래 속에서 벗어날 수 없기에 오로지 현재 내가 할 수 있는 것에만 집중하면서 다시 자판을 두드린다.

　최근 몇 일간 나의 미래에 대해 곰곰이 고민해 왔다. 앞으로 어떻게 살아야 하나? 무엇하나 확실하게 손에 잡히지 않는다. 생각의 나래에 빠지다 보니 온통 부정적인 생각에서 빠져나올 수가 없었다. 생각의 굴레도 내가 만든다는 사실 빠져나올 수 있는 것도 나라는 사실 아침부터 도서관에 나와 관련 책을 찾아보면서 다시 오늘 하루에 집중해 보자고 마음먹으면서 자판을 두드린다. 인간은 늘 생각의 굴레 속에서 벗어나지 못한다. 그러기에 세상에 대한 원망, 후회 등 부정적인 감정에 휩싸이면 무엇 하나 제대로 하나 하기도 어렵다. 오늘 하루에 할 일에만 충실히 하자. 그래서 생각의 굴레가 갑자기 부정적으로 흐른다면 하루에 하나에만 집중하는 버릇을 키워보자. 자신을 믿어 보자.

　나의 가치는 나 자신이 중심이 되어 살아가야 할 나의 과정이자 삶의 좌표다. 부정적 사고나 감정이 들었을 때는 '이것은 내가 만든 굴레야.' 하면서 오늘 할 수 있는 하나의 일에 집중해 보자. 어제와 오늘의 상황은 같다. 어제의 부정적 감정이 오늘 이 한 문단을 보면서 다시 마음을 추릴 수 있는 것은 내 생각의 굴레에서 빠져나와 뭔가 써보자 하는 마음으로 다시 잡을 수 있었기 때문이다. 책에서는 대부분 긍정적인 생각에 행동에 목표를 두고 실행하면 목표가 이루어진다고 공통적으로 언급한다. 그것을 어떻게 받아들이느냐의 인식의 차이가 있을 뿐이다. 나 역시 목표를 머릿속에서만 나열하는 버릇에 익숙해서 인지 아직도 내 버킷리스트를 여전히 작성하는 중이다. 명예퇴직 후 아직 내 목표에 대한 불확실성에 내가 아직 좌표를 정해 놓지 못하다 보니 내 마음의 갈피를 잡지 못하는 것 같다. 단기간 내 목표는 지난 번 1인 지식기업 전문가 과정을 배울 '학'에 중점을 두었다면 재수강 기간에서는 익힐 '습'에 중점을 두겠다고 나름의 목표를 잡았고 그 중간 기간 약 한 달간 내에 글쓰기 35개 꼭지를 마무리하겠다고 시작해 왔지만 3장 들어서 자꾸 쓴다는 것에 스트레스가 작동하다 보니 생각의 나래가 부정적 인식으로 흘러 더욱 자판 두드리는 것에 힘이 들어간다.

나는 평상시 생각에 대한 중요성을 많이 가지게 된 계기가 생각과 관련한 시를 읽고 더욱더 생각의 중요성을 인지하면서부터다. 모든 행동의 근원은 생각이다. 그래서 생각을 어떤 상태로 인지하느냐가 중요하다고 생각하는데 바른 행동을 하기 위한 전초전이기 때문이다. 물론 사람이 습관의 동물이기에 무의식적으로 관성에 의해 행동이 나오는데 의식하는 선택적인 행동은 사전에 반드시 생각을 거치기 마련이다. 그래서 다른 행동을 하기 위한 사전 행위가 생각하기 듯이 문장 속에서 사람 마음을 움직이는 문장을 만나면 머릿속에 각인이 된다. 각인된 생각 속에서 새로운 생각을 만들어 다른 새로운 삶을 살 수 있기 때문이다. 새로운 생각이 자신을 바르게 할 수 있는 사전 도구다. 그래서 다양한 책을 읽음으로써 다양하게 생각하고 몸으로 체화되면 습관이 되므로 보이지 않는 고릴라처럼 자기 인식을 정확하게 인지할 필요가 있는 것이다. 그래서 철학자들은 나는 어떤 생각의 소유자이고 무엇을 소중히 여기는 사람인지를 알기 위해서 늘 질문을 하라고 하듯이 내 생각의 주체인 내가 어떤 인식을 가지는 바탕은 매우 중요하다. 아무리 같은 경험을 쌓았다 하더라도 인식의 차이 가치와 의미 영향력에 따라 달라지듯이 자신도 언제든지 인식 오류를 일으킬 수 있는 것이 인간이기에 진리가 과연 진리 인지는 자신의 사전 경험 및 학습된 내용에 따라 달라질 수 있다고 생각한다. 그러기 때문에 다양한 책 읽기를 통해서 자기가 알고 있는 것이 정말로 제대로 아는 것인지도 중요하며 생각의 차이가 있다는 것을 인지하는 첫걸음이 소통의 첫 단추이듯이 다양한 가치관과 경험에서 오는 개인차를 인정하는 것도 소통의 한 부분이다.

금강경에 '남에게 베풀되 베풀었다는 생각 조차를 버리면 마음이 편하다.'라는 말이 있다. 쓰는 사람 역시도 뭔가를 얻을 목적보다는 쓴다는 자체에 목표를 두면 그 이외의 가치에서 더 큰 영향력을 줄 수 있다. 단지 쓴다는 것으로 인해서 본인이 더 큰 위안과 만족을 얻을 수 있듯이 쓴다는 것 자체에 집중하는 것도 행복하게 사는 바른길이라고 생각한다. 바른길을 걷기 위해서라도 일상의 삶에서 읽기와 같이해야 한다. 옥도 쪼이지 않으면 자갈이다. 목재도 다듬어야 기둥으로 쓸 수 있다. 사람도 읽고 생각하고 쓸 줄 알아야 자신을 나타내는 주인 의식 속에 나로서 세상을 살아갈 수 있다.

소위 셀프 리더가 되기 위해서도 자기 생각을 정확하게 타인에게 설명하고 이해시키고 때로는 글로 써서 표현할 줄 알아야 한다. 리더가 먼저 배우고 익히면서 생각의 요점을 잡고 상대방이 무엇을 원하는지를 파악하고 내 생각을 설득시키고 질문하고 답하면서 생각하는 힘을 키울 수 있다. 먼저 읽고 생각하는 연습을 평상시 꾸준하게 해야 자기 것으로 만들 수 있다. 옛날처럼 단순히 지위로만 리더의 위치로 갖는 것이 아니라 인성이나 실력, 교양 모든 면에서 타인의 모범이 되어야 존경받을 수 있다. 스스로 먼저 생각하는 힘을 키우기 위해 자신에게 투자해야 한다. 배움의 시작이 자기 성찰이라면 마무리는 수양이다. 읽고 생각하고 쓰기를 반복하면 21세기 4차 산업 혁명 시대를 살아가는 셀프 리더의 모습이 아닐까 생각해 본다.

꾸준함을 유지하자

토끼와 거북이의 얘기다. 출발하고 나서 토끼는 중간에 한숨 자다가 깨서 결승점에서는 거북이가 이긴다는 스토리다. 거북이가 토끼를 이길 수 있었던 힘은 꾸준함에 있다. 지속의 힘은 강하다. 물방울이 바위를 뚫는다. 어떤 이는 꾸준함으로 대가의 반열을 이루고 대부분은 평범함으로 하다 멈춘다. 사람마다 다 제각각이다. 끈질김은 성공한 사람들이 가진 특장점이다.

나도 글을 쓰기 시작하면서 어떻게 여기까지 올 수 있을까 상상조차도 않았다. 뭐든지 처음에는 어렵고 힘들어도 지속하면 조금씩 쓰는 가속도가 붙어서 처음보다는 쉬워진다. 분명히 중간마다 과정의 늪이 있을 뿐이다. 나 역시 책을 읽은 지 3년 지나고 나서부터는 회의감이 들기 시작했다. 무엇 하나 변하지도 않았고 단지 책을 읽었다는 것뿐이었다. 이런 상태로 끝나다 보니 연속하는 힘이 중간에 없어지고 때로는 '왜 책을 읽어야 하지? 하면서 수없이 회의감도 들기도 했었다. 그런 늪의 과정에서 6개월 지나다 보니까 다시 책을 읽어야지 다시 마음을 먹는데 좋은 문장이 다시 나를 책 읽는 습관으로 접해지면서 내가 알든 모르든 내 내면에는 좋은 문장의 내용이 내 생각으로 자리 잡지 않았나 생각이 든다.

오프라 윈프리는 "할 수 없을 것 같은 일을 하라. 실패하라. 그리고 다시 도전하라. 이번에는 더 잘 해보라. 넘어져 본 적이 없는 사람은 단지 위험을 감수해 본 적이 없는 사람일 뿐이다. 이제 여러분 차례이다. 이 순간을 자신의 것으로 만들라." 라고 말했다.

나 역시 지속하는 힘이 약한 것이 가장 큰 단점이다. 중간중간에 포기하는 나 자신을 합리화하다 보니 오랫동안 지속하는 것이 별로 없다. 그나마 독서는 가끔 멈추기도 했지만, 읽어서 마음의 평정심도 책을 통해 생각을 바로잡을 수 있어 꾸준히 읽고 있다. 책을 읽는 동안 가장 큰 변화는 30년 이상 피워 왔던 담배를 끊고 그 돈으로 책 사는 재미를 붙인 것이다. 2011년 7월경부터다. 그러면서 모여진 책이 책 거실 책장에는 약 300여 권이 비치되어 언제든지 책을 꺼내볼 수 있는 환경이 되었다. 이때부터가 나의 존재 의미도 생각하면서 인문학적 서적도 보기 시작했던 것 같다. 나의 읽기는 지극히 평범하다. 주말에만 도서관 가서 정독하는 습관을 들였고 특이점은 권마다 나름 공감대 대는 문장 위주로 적어 놓은 것이 노트로 지금까지 7권 정도를 가지고 있다. 내 생각으로 공감가는 부문 위주로 쓰다 보니 그렇게 모여졌다. 그런 과정도 없었다면 머릿속에는 남아 있는 것이 더 없었을 것이다. 그나마 매번 정리한다는 명목으로 기록하다 보니 7권 정도 모여졌다.

개인적인 좋아하는 한자 명언은 '일일신 우일신'이다. 전에 근무했던 사내에서 배운 내용인데 '날마다 새로워지라' 는 내용이다. 그 회사 사장님이 늘 즐겨

쓰신 문구다. 사장님은 선친의 가업을 이어받아 지역 사회 내에서 크게 성공하시고 나눔을 일상의 생활처럼 하시는 분이다. 그분의 집요함과 끈질김은 젊은 내가 혀를 내두를 정도였다. 미래에 대한 투자도 위험성이 큰데도 불구하고 결단을 내리어 수출 및 내수에서도 탄탄한 전문 중소기업 형태로 발전한 것을 보고 경영자의 끈질김은 상상을 초월하다고 생각했다. 마음의 존경심이 저절로 생겼다.

우리는 늘 경쟁 속에서 살고 있지만 가장 큰 적은 바로 자신이다. 누구와의 비교가 아닌 어제의 자신과 오늘의 자신을 자극하여 날마다 새로워져야 한다. 성공한 사람은 대부분 자신과의 싸움에서 이겼기 때문에 성공의 반열에 들어섰다. 글 쓰는 것도 하루 이틀이 아닌 꾸준함 속에서 좋은 문장이 만들어진다. 이 매사 모든 것이 마찬가지다. 일인 지식기업 전문가의 브랜드에 행동 변화 큐레이터로 명명한 지금 이 순간에도 제일 먼저 글을 쓰기 시작했다. 물론 글솜씨가 없음을 내가 잘 안다. 다만 주변의 작가 지망생들이 계속해서 출간 계약을 하고 연속해서 이어지다 보니 나 스스로 자극을 준다. '나도 할 수 있어!' 그리고 시작 한지 불과 석 달 만에 이렇게 많이 쓸 수 있었을까 상상이나 할 수 있었는가? 하루 이틀이 아닌 물론 지금도 마무리된 것도 아니지만 작은 양 자체가 모이니까 조금씩 커지는걸, 보면서 하루하루의 소중함뿐 아니라 쌓여가는 양도 지나고 나면 의미 있는 양이 된다는 것을 절실히 느껴본다.

아울러 자신의 글을 읽는 사람이 '나도 이 정도의 글은 쓸 수 있겠다.' 라고 생각 되게 만드는 문장이어야 한다. 이 두 가지 조건을 충족시키면 된다. 라고 하는데 물론 전문 작가의 길에 접어든 사람에게는 받아들일 수 있겠지만 나는 한 가지만 수용이 되어도 꾸준함만 가지면 누구나 쓸 수 있다는 것에 한 표를 던진다. 내 역시 전문적인 수업 받은 것은 작가님의 강의 수업 3번과 온라인 지도를 통해서만이 전부다. 꾸준함을 유지하는 방법 세가지를 소개하겠다.

① 같은 시간대 반복된 행동이 중요하다

일정 시간을 정해 놓고 편한 자리에 앉아 무엇이 되었든 간에 반복해서 글을 써라. 반복의 힘을 믿어야 한다. 누구든지 반복을 하게 되면 처음에만 힘들지 조금씩은 수월해진다.

② 노력의 힘을 믿어라

처음부터 잘하는 사람은 없다. 하루하루가 쌓여 조그만 성과물이 나온다. 하루하루의 노력을 믿어라! 포기하지 않으면 순간순간의 꾸준함과 더불어 자신을 믿고 나가라. 꼭 목표는 이루어진다.

③ 타인과 비교하지 마라!

타인과 비교하면 자기자신을 위축시킬 수 있다. 비교는 전과 나의 비교를 통해서 하는 거다. 꾸준함 속에 비결이 있으니 좋은 글을 많이 읽고 많이 써 보자.

책을 읽으면서 변화된 모습은 누구만의 전유물만이 아니다. 머리에서만 아는 것이 아니라 실천하는 삶을 통해 누군가에 의지하지 않고 꿋꿋이 살아가는 꿈 꾸는 자들의 모습을 나에게 비춰본다. '내가 잘하는 것, 좋아하는 것, 남을 기쁘게 하는 것. 장애물이 보이면 목표가 없는 것이다. 배울 것을 찾아라.'를 요점으로 정리해 보면서 방법상의 변화를 책 읽고 삶을 바꾸어 보는 작업을 내 삶의 실천으로 살아가도록 나 자신에게 재차 요구해 본다.

읽기와 쓰기
부담에서 벗어나기

책을 읽되 어떤 책을 읽느냐도 중요하다. 나는 주로 인터넷에서 추천하는 책 위주와 서점에 들러 책 제목에 끌려 구매하는 경우가 대부분이다. 물론 시행착오도 많다. 때로는 같은 책을 두 번 산 경우도 있다. 그래도 후회는 없다. 제목이 그만큼 간결함을 주었으니까. 한 권은 다른 사람에게 선물하곤 했다. 많은 독서가들이 책 제목만 보고 구매한다고 한다. 그래서 제목이나 소주제 제목에 신경을 써야 하는구나, 생각한다.

좋은 책 고르는 법을 알아보자. 물론 책을 완전히 읽기 전에는 좋은 책인지 아닌지는 모르나 그나마 객관적인 방법을 소개한다.

추천 도서 목록을 챙기자.

물론 개인차가 있지만, 전문가들의 공통된 의견을 참고하면 후회를 최소화할 수 있다.

도서관에서 제공되는 목록을 참고하자.

도서관 등의 공공기관에서 추천하는 책을 눈여겨보자.

나의 관심 분야가 우선이다.

아무리 좋은 책도 자기 관심 분야를 벗어나면 관심은 떨어질 수밖에 없다.
우선 자신의 관심 분야 위주로 읽어본다.

독서 전문가를 믿어 보자.

전문가들은 쉽게 좋은 책을 구별하는 능력이 있다. 고정관념이나 편협한 시
각만 없다면 그들의 추천을 바탕으로 책을 선택하자.

"사람이 책을 만들고 책이 사람을 만든다고 한다." 한 권의 책으로 인생이 달
라질 수 있다. 책만큼 성장과 변화를 이끌 수 있는 것도 없다. 세상을 이롭게 하
는 책은 좋은 책이다. 세상에 해로움을 줄 수 있는 소재 즉 인류 보편적 가치에
반하는 주제의 책은 해롭다. 톨스토이는 "나쁜 책은 아무리 조금 읽어도 해롭
다. 좋은 책은 아무리 많이 읽어도 부족하다. 나쁜 책은 정신의 독약이나 다름
없다."고 말했다.

자기 성장과 발전, 변화를 이끄는 책은 좋은 책이다. 책을 읽고 나서 생각
을 정리하고 실천방안을 마련한다면 매우 효과적이다. 뚜렷한 목적의식이 없
이는 지속하기 힘들다. 개인적으로 독서를 할 때 '이 책을 왜 읽어야 할까?' 라
고 생각하지 않는다. 이 책이 궁금해서 읽는다. 이러한 생각의 차이는 하늘과

땅 차이다. 목적의식이 있으면 목표에 도달하기 위해서 읽게 된다. 단순히 읽기만 하면 머릿속에 남는 것이 거의 없다. 10년 간 책을 보고 나서 내린 결론이다. 왜 이 책을 읽어야 하는지를 먼저 잡고 읽어야 효율적인 독서가 된다. 물론 책 읽고 남는 것이 없다고 해서 그것이 헛되다고 생각하지는 않는다. 읽는 동안 순간순간 마음에 동요를 일으키고 나를 대입시켜 공감대를 불러일으켰다. 작심삼일 일지라도 몇 가지를 실천해봤다. 읽는 순간마다 밑줄을 긋고 내용을 다시 정리하면서 세상의 지혜를 얻었다. 일상의 루틴 속에서는 절대 생각의 변화를 가져다줄 수 없다. 세상 일이 복잡하고 다양하듯이 사람들 역시 다양하다. 세상에는 입지전적인 인물들이 많다. 그들의 삶은 다른 사람들에게 영감과 지혜를 주고 목표에 대한 꿈을 만들어 준다. 독서를 통해 꿈이 생성되는 것이다. 성공한 사람들치고 삶의 스토리 자체가 평범한 경우가 없다. 이 다양한 스토리 속에서 일반 독자들은 그들의 삶에 공감하고 울고 웃는다.

일본의 작가 니카다니 아키로는 19년 동안 800권을 출간했다고 한다. 거의 1년에 40권을 저술한 셈이다. 상상할 수가 있겠는가? 초인적으로 글을 쓰는 사람이다.

보통 독서를 한다면, 일 년에 40권 정도 읽는다. 읽는 것은 누구나 할 수 있다. 의지만 있다면 결과물이 조금씩 쌓인다. 생각의 크기를 크게 갖기 위해서라도 먼저 관심 분야, 자기가 잘 하는 분야부터 먼저 읽어보자. 독서 후에는 생각의 크기는 분명히 커진다. 개인의 욕망과 목표와 더불어 사용키 위한 쓰임새가 인류 사회를 위해서 조금이나마 공헌하기 위한 나름의 목표도 생길 수 있다.

오늘의 습관과 관성이 나를 만들었듯이 나를 변화하기 위한 최상의 도구는 읽기와 더불어 쓰기다. 재능은 두 번째다. 쉽게 찾고 빨리 결과를 얻는 것만이 능사가 아니다. 과정이 필요하다. 김장 김치가 숙성의 시간이 필요하듯이 과정이 있음을 잊지 말자. 과정에는 다양한 늪이 존재한다. 늪을 건너고 못 건너고는 끈질김과 절박함의 차이다. 주변에는 늪도 있겠지만 늪을 벗어날 책과 멘토도 많이 있다. 타인의 경험을 발판 삼아 내 것으로 만드는 데는 오로지 자신과 싸움만이 존재한다. 그럴수록 주변의 책이나 영상을 참고하다 보면 처음에는 안 된다는 두려움 속에서 포기하고픈 마음이 굴뚝같더라도 순간의 위기만 모면하면 또 다른 새로움이 찾아오기 마련이다. 나 역시 소주제를 풀어가는데 하루하루가 싸움의 연속이었다.

지금도 기억하고픈 작가님의 지침이 있다. "선택의 어려움 속에서 언제든지 현재를 포기하면 행복한지를 물어보라고." 포기는 누구나 쉽게 할 수 있다. 재능이 없어서 시간이 없어서 쉽게 포기한다. 나도 수없이 포기할까 말까 고민한다. 그러나 편안하게 생각하다 보면 필력의 양은 조금씩 늘어간다. 이것도 습관이고 관성의 문제다. 습관이 들면 뭔가 이상한 것처럼 늘 일상의 습관에서 뇌는 기억하기 때문에 하루하루 읽고 쓰는 행위의 반복을 당연하게 해야 뇌도 발을 맞춘다. 연속되어야 습관으로 남아 있듯이 중간마다 벗어나면 다시 관성으로 다시 습관으로 돌아가기가 힘들어지므로 내가 힘들면 남들도 힘들다는 생각을 갖고 먼저 마음의 부담감을 벗어내고 평정심부터 갖자.

세상에는 좋은 글은 넘쳐 난다. 머릿속에서 잠시 왔다가 지나가기에 크게 감정 이입이 안 되기 때문에 좋은 글 자체로 끝난다. 하지만 어떤 누군가에게는 좋은 글이 자기의 현실과 상황에 맞대어 크게 공감이 되어 큰 동기부여로 자리 잡아 또 하나의 변화 적용 요소로 작동한다.

그래서 쓴다는 것은 개인의 자유와 상상력의 나래를 펼치는 것이다. 쓴다는 것 자체가 머릿속에 내재한 내 생각을 펼쳐 보이는 것이다. 같은 사건에서도 나름 받아들이는 것이 평소 자기 생각이 나오는 것이다. 그래서 막상 쓰다 보면 그 말이 그 말 같고 조금씩 표현만 다를 뿐이다. 평소 자기 생각이 나올 수밖에 없다. 물론 자기 생각이 온전히 자기 생각인지 머릿속에 외워져서 각인된 내용인지 구분할 수 없을지라도 개인의 상상력과 창조력도 갑자기 나올 수 없다. 꾸준한 읽기와 쓰기를 통해서 다른 생각이 들어와서 좀 더 다르게 변형시키고 개선시킨다. 이러한 가운데 조금씩 상상력과 창조력은 움틀 거려 다른 연결이 이루어진다. 영감이라는 단어도 매일같이 반복되는 읽기와 쓰기에서 늪의 과정을 겪어가면서 나름의 고독과 평계를 떨쳐버리면서 나름의 쓰기는 조금씩 성장한다고 생각한다.

읽기와 쓰기의 부담감에서 벗어나려면 실패에 대한 두려움으로부터 떨쳐야 한다. 순간순간 읽기와 쓰기 자체에 몰입해야 한다. 실패에 대한 생각이 들어올 틈을 주지 말아야 한다. 생각은 언제든 왔다가 지나가는 스크린이다. 너무나 잘 쓰려고 하면 역효과가 난다. 타인의 의견에 목숨 걸지 마라. 매일 같이 쓰면 조금씩 나아지듯이 타인의 의견도 정답이나 진리가 아니라 그 개인 의견이라고 생각하면서 평정심을 갖고 일상의 반복에 충실하며 하루하루 계속되는 일상의 지속하는 힘을 통해 읽기와 쓰기 부담을 떨쳐 내보내자.

독서가 행복함의 원천이다

어느 시인의 말처럼 "흔들리지 않고 피는 꽃은 없다." 얼굴 생김새가 다르듯이 자기만의 과정들이 있다. 사람들에게 왜 사느냐고 물어보면 행복하기 위해 산다고 대답한다. 모두 한결같다. 삶의 목적은 행복하게 살다가 죽는 것이다. 하지만 행복은 그냥 얻어지는 것이 아니다. 행복은 누구에게도 쉽게 오는 것이 아니다. 나 역시 조직 생활 중에서는 남들보다 빨리 진급하고 뭔가 성과를 더 내서 성과급을 조금 더 받고자 함에 행복의 방점으로 두었다. 오랫동안 스트레스를 받았다. 나중에 스트레스로 인한 호르몬 불균형으로 몸에 이상이 생겼다. 갑상샘 제거 수술까지 하면서 마음의 평상심을 유지하기까지 오랜 시간이 걸렸다.

법정 스님은 "인간의 목표는 풍부하게 소유하는 것이 아니고 풍성하게 존재하는 것이다. 인간은 물질의 쌓임과 비례하여 마음의 욕심도 함께 쌓아둔다."

고 말했다.

　인간의 욕심이야 한도 끝도 없지 않은가. 99개를 가진 자가 1개를 더 취하려고 한다. 마음이 편안해야 행복감을 느끼는 것이다. 책을 읽으면서 행복에 대해 수없이 질문해봤다.

　나는 행복한가?

　안정 속에서는 편안함이 행복으로 왕왕 착각한다. 안정된 직장 내에서는 경제적 걱정 없이 지내고 취미 생활을 잘하면 행복한 줄 알았고 직장을 옮기면서는 조직 내에서 인정 받고 오래 다닐 수 있다면 행복한 것이라고 착각도 했다.

　내가 책을 읽는 가장 큰 이유는 내가 행복하게 살기 위해서다. 책을 통해서 사랑의 키워드에 공감했다. 내가 가진 조그만 지식도 주변 사람들과 공유를 통해 선한 영향력이 넓게 펼쳐졌다. 내가 행복해야 주변에도 행복 바이러스를 더 느낄 수 있다고 한다. '내가 행복해야 한다.' 고 다짐도 많이 했다. 물론 감정의 폭풍이 지나가면 나도 많이 흔들렸다. 지금 이 순간 프리랜서로 시작했고 아직 아무런 실적도 없고 준비 과정 중이지만 가장으로서 마음의 동요를 겪곤 한다. 그래도 그 빈도를 줄이면서 평상심을 유지하는 것은 독서를 통한 마음가짐을 정리했기 때문에 가능한 것이다.

　톨스토이는 "당신에게 가장 중요한 때는 지금 이 시간이며 당신에게 가장 중요한 일은 지금 하고 있는 일이며 당신에게 가장 중요한 사람은 지금 만나고 있는 사람이다." 라고 말했다.

　감정의 굴곡 속에 있을 때는 불안감, 조급함, 두려움이 제일 먼저 찾아온다. 생각이 생각으로 나를 감싸면 마음은 부정적으로 금방 휩싸이면서 하던 일도 의미 없게 만든다. 모든 것이 부정의 기류에 쌓이면 바로 빠져나가기가 힘들다. 누가 대신해줄 수 있는 문제가 아니므로 오로지 내가 빠져나와야 한다. 그 바탕에는 책을 읽었던 내면의 평상심 인자들이 다시 모여 긍정적 마음으로 변화되곤 한다. 성격이 급하고 빨리빨리에 익숙하고 사전에 인문학적 인자의 과정이 몸에 알게 모르게 체화되지 않았으면 내 생각의 굴레에 빠져 더 나락으로 떨어졌을지도 모르겠다. 생각의 굴레를 벗어나는 것도 인문학책을 읽으면서 생각의 틀을 바꾸어 나갔기에 과거보다는 좀 더 나아졌다고 생각한다.

서은국은 행복의 기원에서 "삶은 갈등의 연속이다. 이 갈등은 인간의 양면적 모습 사이의 끝없는 줄 달리기다. 무의식적이고 동물적인 우리의 본능이 의식적이고 합리적이고자 하는 문명인의 이성과 하루에도 몇 번씩 평생 동안 충동한다."라고 말한다.

어떤 자극에 어떤 반응을 보일지는 사람에 따라 다르듯이 내적 성찰이 많이 이루어진 종교인들이 상대적으로 행복을 더 느낀다. 이기심에 팽배해 있는 보통 사람들보다도 이타심이 있는 보통 사람이 더 행복하다. 그래서 봉사를 해 본 사람은 계속 봉사를 하게 된다고 한다. 인간은 더불어 사는 사회적 존재다. 남을 도우며 사는 것이 행복감과 무슨 상관이 있겠냐고 하겠지만, 발표된 근거 자료에서는 분명히 남을 도왔던 경험이 있는 사람이 더 행복하다고 느낀다고 한다. 그래서인지 종교인들이 작가나 언론인보다 평균 13년 이상 더 오래 산다고 한다.

2010년도에 회사 내 행사로 미국 뉴욕을 오 박 육 일간 아내와 함께 다녀왔다. 영업부서 최고의 성과로 본사 시상식 참석했다. 성과가 좋아서 AP 본부에서 주관한 인도네시아 코타키나발루에도 참석하면서 아내한테는 그동안 고생해 주었다는 미안한 마음을 대신할 기회였다. 나름의 직장 생활의 묘미를 느낄 수 있었던 의미 있는 여행이었다. 그 당시에는 세상에서 가장 행복하게 느낀 적도 있었다. 고생한 보람을 한순간으로 보상 받는구나 하면서 다녀온 기분 좋은 여행이었다.

뉴욕은 나의 처음 가본 미국 내 대도시였다. 처음 4일간은 시차 때문에 잠을 거의 잘 수 없었지만, 새벽 6시면 눈이 뜨여 센트럴 파크 공원을 조깅하면서 시내 한복판에 대단지 공원 자체가 있다는 것에 먼저 감사했다. 한 시간 동안 조깅하면서도 느낀 것은 사람 사는 곳에는 우리나라나 미국이나 차이가 없다는 것이다. 공원에는 5명 정도의 노숙자들도 보았다. 또한 흑인, 백인, 히스패닉을 보았다. 나름 회사에도 감사의 마음도 가졌고 내가 이렇게 여행하게 된 것도 주변에서 내 비즈니스에 도움을 주었던 여러 부서 직원들에게도 감사의 마음을 느꼈다. 세상을 살아가면서는 주변에 도움을 주고받으면서 더불어 같이 의미를 되새겨 보는 좋은 기회가 되었다. 단순히 내가 잘나서 온 게 아니라 표시 나지 않게 주변의 도움이 내 실적과 연계되고 당시 비즈니스 환경이 환율이라는 유리한 변수도 작동하면서 내 의지와 관련 없이 유리한 환경이 조성되어 혜택은 내가 다 받는구나 하면서 주변을 생각하는 마음이 들었다.

예전이라면 내 잘난 마음으로 이기심이 나의 실적이 여러 사람에게 영향을 미친다고 생각했을 것이다. 주변의 도움으로 내가 혜택을 받는다고 생각하니 내 주변에 동료들한테 더 잘해야 하겠다고 생각하는 계기가 되었다. 그만큼 생각하는 마음도 전보다 더욱 주변을 사랑하는 마음으로 열린 것이다. 지금도 기억나는 것이 내 옆자리에 앉았던 WWPAS사장과 대화에서 독서에 관해 얘기를 나눈 적이 있는데 그 당시 나는 주말에는 새벽 4시면 일어나서 책 읽는 습관이 한참 물들어 있을 때라 나의 책 읽는 양이나 습관에 대해 논의하고 대뜸 질문하면서 "무슨 키워드가 가장 생각나느냐?"고 했을 때 나는 사랑이란 단어를 언급했다.

생각의 크기가 그만큼 나도 모르게 커진 것이다. 그러면서 느낀 것이 읽음을 통해 뭔가가 남지 않은 것이 아니라 나의 생각 속에는 깊이 사랑의 가치를 우선 두고 있었다. 그때만 하더라도 읽었던 내용을 다른 사람에게 언급하고 조금이라도 잘난 체 해보고자 하는 마음도 매우 컸던 모양이었다. 그다음 해에도 영업성과 우수자 2011년도 AP 행사를 뉴질랜드에 아내와 같이 참석했고 당시 실적이 좋아서 다른 영업 부서 책임자와 같이 5박 6일 동안 참석했다. 행사 참가와 여행 기억에 남을 만한 해외여행을 하면서 회사 생활에서 좋은 혜택도 연속해서 누릴 수가 있었다. 지나고 와서 느끼지만, 회사 내에 있으면 불만도 많다. 비교하려고 하고 장점보다는 단점에 포장하려고 한다. 하지만 나는 회사에 대해 지극히 감사함을 느꼈다. 관리자로서 혜택도 많이 받았고 더욱이 아내에게 조금이나마 보상을 해준 것 같아서 감사의 마음을 가지게 된 것도 어찌 보면 내 마음의 선한 인자들은 읽어왔던 책 속의 문장이나 단어들이 뇌 속에 푹 잡고 있어 생각의 크기가 좀 더 성장하는 계기가 되었던 것 같다.

그 당시에는 한해에 100권 정도는 읽었던 것 같다. 매주 2권 정도 목표를 두고 주말에는 거의 도서관에서 보내다시피 하면서 회사 내 인트라넷에 매주 옮긴 내용도 정리해 가면서 한참 책 읽기에 몰두했다. 2010년도 혈액 사업이 매각 결정되면서 나 역시 미래에 대해 고민하던 시기였고 부서 내에서 이동할 것인지 아닌 퇴사하여 새로운 업체에서 새로운 시작을 할 건지 고민했다. 내가 잘 할 수 있고 혈액 백 엔지니어로 출신으로 오래 지속 할 수 있는 길이 새로운 업체에서 하는 것이 더 좋겠다는 내 생각의 판단으로 새로운 인수 업체로 2011년 6월 말일로 이직해서 여러 회사를 전전했다. 내 생각이 옳다는 편향성에서 쉽게 벗어나지 못했다는 점과 내 생각이 옳고 타인의 생각이 그르다는 이분법적 관점에서 판단하고 결정하다 보니 실패를 겪었다. 그 6년간의 생활이 주마등처럼 지나간다. 이제는 다 지난 과거다. 현재와 내 목표에 대해서만 생각하기로 했다. 있는 그대로를 받아드리자. 현재에만 충실하고 책에 있는 내용대로 더 받아들이고 현재를 행복하게 보내기 위해서는 내가 무얼 할 수 있지 하면서 목표를 행동 변화 큐레이터로 나 자신의 경험담과 지식을 공유함으로써 나도 성장하고 주변에도 선한 영향력을 미치고자 한다.

제4장
반드시 읽어야 한다

책을 왜 읽어야 할까? 보통 나 자신은 평균치 이상으로 실제의 나보다 높게 평가한다고 한다. 내 생각의 굴레에서 벗어나기 힘들기 때문이다. 그 굴레를 벗어나기 위해서는 다양한 책을 읽어서 자신을 똑바로 바라볼 수 있게 한다. 안정된 삶이 행복한 걸까? 물론 회사 내 조직 생활이 경제적으로나 정신적으로 더 쉽고 편안하게 갈 수 있다. 변화의 소용돌이가 아무리 심하다고 할지라도 조직 내에 있으면 그 사실을 잘 모른다. 하지만 인생은 길다. 앞으로는 100세 시대다. 남들보다 좀 더 일찍 나왔다고 생각하자.

내가 처음으로 더불어 '같이'와 '가치'에 대해서 배운 것은 BD Korea 시절에 회사 사보의 제목이 '더불어 같이 &가치'였다. RIGHT, RESPONSIBILITY, RESPECT, IMPROVE. 회사의 가치를 나 자신의 핵심 가치로 잡으면서 행동의 판단 주체도 이 사각기둥에 두고 판단한다. 미션의 중요성도 회사 생활을 하면서 배웠다. 나 역시 1인 지식 전문가 과정을 통해서 새롭게 미션을 설정했다. 배움을 통해 자기 성장과 행동 변화로 세상에 선한 영향력을 이바지하도록 도와 드린다. 생각만으로도 뿌듯하다. 내 존재 가치가 사회의 일원으로서 좀 더 의미 있게 생활할 수 있는 행동지침이다. 어려움을 느끼고 포기하고 싶을 때는 다시 한 번 되새겨 본다. 사람은 잘 변하지 않듯이 일상의 루틴 속에는 변화시킬 수 있는 요소가 거의 없다. 물론 주변 사람의 충고나 지혜로 다시 깨우치는 계기가 된다면 현재의 모습에서 변화하려는 욕구도 생긴다. 하지만 꾸준히 지속하는 힘은 자신의 마음을 움직여야 가능하다. 쉽게 들어오면 쉽게 그냥 빠져나갈 확률이 높다. 진지하고 어렵게 수렴이 되어야 지속할 가능성이 높다.

그 중심이 독서다. 요즈음은 온라인, 오프라인에 글쓰기 강좌가 많이 있다.

수강 비용도 만만치가 않다. 하지만 돈이 부담되는 사람에게 적은 비용으로도 수강할 수 있는 곳도 있다. 처음 수강할 때만 하더라도 이렇게 쓸 수 있을지 상상조차 하지 못했다. 글재주가 전혀 없을지라도 평범한 사람도 하루하루 쓰면 초고는 완성할 수 있다는 자극을 받았다. 일단 하루하루 써나간다는 목표가 생기게 되었다. 아마도 꾸준한 책 읽기가 바탕이 되었기 때문에 조금씩 쓸 수 있었다고 생각한다. 세상에 그냥 오는 것이 없다. 남이 하는 것은 쉬워 보이고 내가 하는 것은 어렵다는 자기 합리화가 가장 큰 적이다. 선한 영향력을 발휘하는 사람치고 책을 멀리하면서 오로지 성공에만 몰두한 사람은 듣지 못했다. 다양한 세상살이에 다양한 삶이 있듯이 늘 먼저 주고 남을 위해 진심으로 기도해 주는 사람들이 더 행복해한다. 그러다 보니 성공이 뒤따라서 온다는 진리에 진심으로 공감해 본다.

'빨리 가면 혼자 가고 멀리 가려면 함께 가라.'는 아프리카의 속담처럼 나 혼자 독불장군으로 갈 수 없듯이 더불어 '같이'와 '가치'의 의미를 되새기면서 쉽게 지치거나 포기하지 않도록 내 마음을 바로 볼 수 있도록 다양한 인문학적 책을 읽어본다. 아는 것과 아는 것을 행동하는 것은 하늘과 땅 차이다. 아직도 여전히 아는 것만으로 그치는 자신을 보면서 일인 지식기업 교육받은 후에는 마음만 먹고 행동으로 옮기지 못하는 것은 아닌지 걱정이 된다. 설령 그렇다고 해도 자책하지 말자. 오늘 안 되면 내일 하고 안 되면 모레하면 된다. 행동이 나오기 위한 주체적 활동이 우선 책 읽기라고 생각하기에 늘 책과 함께 읽어서 내가 행복감을 만끽하고자 한다.

선진국에서의 중산층의 의미는 무얼까 조사한 내용을 보면 의미심장하게 다가온다. 우리나라 경우 30평대 아파트, 월급 500만 원 이상, 자동차 2000cc급 이상, 통장 1억 이상, 해외여행 1년에 1회 이상 등이다. 전부 경제적 가치에 초점을 맞추고 있다. 경쟁이 낳은 부가 전부인 양 생각하는 가치관이다. 하지만 영국이나 프랑스의 경우는 물적 가치보다는 내면적 신념의 가치, 불의, 불평등에 행동으로 보여주는 가치 중심, 잘 하는 요리 하나 정도, 외국어 할 수 있는 능력 등이다. 선진국일수록 내면적 신념 가치에 우선을 둔다. 물적 가치가 안 중요한 것이 아니라 지금 이 시대에서는 행복이 중요한 가치 시대이므로 행복에 방점을 둔다면 삶의 우선순위를 책 읽기를 통한 더불어 '같이' 와 '같이'의 의미를 찾고 행복 바이러스를 전파 공유하여 책을 읽어서 의미 중심의 가치를 먼저 찾자고 주장해 본다.

'부자가 행복해지기 보다는 행복한 사람이 부자가 된다.'는 연구결과가 있다. 인생이 나아지고 있다고 생각하면 행복이 따라온다는 것이다. 행복 심리학의 창시자 에드 디너(Ed Diener) 美 일리노이대 교수는 "행복한 사람은 인생의 후반부에 소득 수준이 더 올라가는 경향이 있다"는 사실을 밝혀냈다.

우리의 삶을 제대로 살기 위해서 들어온 인풋이 제대로 잡히기 위해서는 먼저 책을 읽어야 한다. 물론 사람마다 가치관에 따라서 경제적 관점이 우선도 있겠지만 소유욕은 끝없는 욕심을 불러일으킨다. '현재 있는 것에 행복해하고 감사하라는 평범한 진리도 받아드리기 나름이다.' 평범한 소시민들 역시 큰 욕심 없이 있는 것에 감사하고 평범한 삶에 행복해하는 삶이다. 다만 책 읽기는 사전 준비 과정이고 생각의 흐름을 바꾸어 줄 수 있는 평범한 누구나 행동만으로 실천할 수 있는 평범한 진리다. 더 많이 행복함을 느끼고 싶은가? 바로 먼저 책 읽는 습관이 자신의 행복감을 지속해서 지켜 줄 거라고 생각한다.

경험과 지식의
총체적 저장고

　인문학은 대학에서 냉대를 받는데 어째서 사회에서는 지도층일수록 인문학에 열광할까? 지성의 전당이라는 대학도 어느 순간 취업을 위한 준비 기관으로 전락한 지도 한참 되었다. 문학, 역사, 철학, 심리학 등의 학문에 관해 사회적 요구가 덜 하다 보니 대학 내에서는 사회의 수요에 발맞춰 자발적으로 통폐합 구조조정을 하면서 학과와 학생의 수를 감소시켰다.

　사회적 패러다임은 계속 변해 간다. 애플의 취업자가 60% 정도가 인문학과 출신이라니 우리나라와 많이 비교되는 현상이다. 학교는 냉대를 받는데 어째서 사회에서는 열풍이 부는 걸까? 인문학이라면 특정 지도층만의 대상을 위한 학문이 아니고 글자 그대로 인간과 관련 하여 '사람답게' 사는 것에 생각하고 실천하게 하는 것이다. 미국의 유명한 시카고 대학의 사례를 인용해 본다. 전 장에서도 언급했듯이 사람의 가치에 대해 충분히 논하고 공감하고 교육 방식에 대해 논하고자 하는 것이 아니다. 책을 읽고 지내다 보니 자연스레 인문학적 책에 관심을 두게 되더라는 것이다. 왜냐하면, 사람들과 어울려 살아야 하는 것이 인간이기 때문이다. 그러니 자연스레 인문학에 관심을 둘 수밖에 없지 않을까? 배움과 상관없이 오로지 간판이나 인맥 형성의 한 도구로도 쓰인다고 한다. 꼭 좋은 면만 있는 것이 아니라 양면이 존재함에 웃음이 살짝 머무른다.

"허킨스의 시카고 플랜은 그 자신이 잘 알고 있던 '존 스튜어트 밀' 식의 독서법을 따른 것으로 '철학 고전을 비롯한 세계의 위대한 고전 100권을 달달 외울 정도로 읽지 않은 학생은 졸업을 시키지 않는다'는 내용이다. 처음에는 울며 겨자 먹기로 책을 읽어나가던 학생들은 100권의 책을 읽어나가면서 점차 고전 속에 담겨있는 사고방식을 익히게 되었다고 한다. 단, 총장은 학생들에게 그저 책을 읽을 것만을 명한 것이 아니라 다음과 같은 세 가지 과제를 주었다고 한다.

첫째, 모델을 정하라 : 너에게 가장 알맞은 모델을 한 명 골라라.
둘째, 영원불변한 가치를 발견하라 : 인생의 신조가 될 수 있는 가치를 발견하라.
셋째, 발견한 가치에 대하여 꿈과 비전을 가져라.

외국에서는 명문 학교일수록 고전을 중점을 두고 공부한다. 그런데 왜 우리는 냉대를 받을까? 아마도 사회 현실이 기초보다는 실용 위주로 빨리빨리 문화 때문인 것 같다. 사회 전반적 목표를 경제적인 것에 두다 보니 바로 써먹을 수 있는 현장 중심의 학과 등을 선호하기 때문인 것 같다. 조찬 모임이나 대학원에서 인문 강좌 대부분은 기업체 사장님들이 주류를 이루고 있다. 세상이 복잡해질수록 다양한 이해관계 속에서 인간에 대한 관심은 끝도 없이 진행된다. 그러다 보니 인문학적 열풍은 계속될 수밖에 없다. 독서를 하다 보면 자기가 좋아하던 분야를 넘어서 결국 인문학적 책으로 관심을 가지게 된다. 사람의 관심은 인간의 삶에 있다. 세상에 선한 사람도 있고 악한 사람도 있다. 다양한 삶이 존재하면서 사람에 대한 가치를 알고 세상을 위해 조금 더 노력하고자 하는 독서가들이 조금씩 더 많아지고 쓰는 사람도 많아지면 사회의 전체의 지식 저장고는 그만큼 풍부해질 것이다. 시민들의 교양이 높아질수록 사회는 자발적 자정 작용이 작동될 수 있다. 인간의 살아가는데 필수적인 더불어 삶을 알 수 있기 때문이다.

책을 좋아하는 사람 치고 그렇게 악한 사람은 보지 못했다. 물론 나만의 선입견일지도 모른다. 하지만 꾸준히 책을 읽는 사람 치고 본인만을 위한 이기적인 삶보다는 이타적인 삶에 관심을 둔다. 책에서 배운 여러 좋은 인자들이 더 쉽게 나올 수 있기 때문이다. 좋은 책을 읽으면 알게 모르게 몸에 밴다. 식물에 물을 주면 잘 자라나듯 끊임없이 읽은 사람은 성장하기 마련이다. 이런 과정의 연속 속에서 자기 의견이 생긴다. 생각을 달리 함으로써 생각이 정리되고 논리가 생기고 주장하는 요점이 생긴다. 읽고 생각하고 쓴다는 전제로 조금씩 성장하기 마련이다. 프랑스 철학자 르노 데카르트는 "좋은 책을 읽는 것은 지난 몇 세기 위인들과 대화 하는 것과 같다." 라고 말했다.

읽었던 것 중에서 다시 쓰기를 하면 알게 모르게 내용이 숙지가 되어 내 생각으로 유입된다. 좋은 내용은 나 자신부터 쓰기를 통해서 정리하는 버릇을 들이면 자연스레 내 것이 되어 오랫동안 기억에 남을 수 있다. 개인적으로는 논어와 관련하여 여러 저자가 발표한 책을 많이 읽어 보면서 지금도 기억에 남는 것은 '군자 화이부동 동이불화다.' 풀어서 정리하면 군자는 화합하되 무력을 쓰지 않고 소인은 화합하지 않으면서 무력으로 다스린다. 군자는 늘 자신을 생각을 접고 타인의 합리적인 생각을 받아들일 수 있지만, 소인은 제 생각이 아니면 안 된다고 고집을 피운다. 리더십의 진수라고 생각한다. 2,500년 전의 인간의 모습이나 지금의 사람 사는 모습은 크게 변한 것이 없다. 소인은 자기 것 위주고 군자는 대의를 위해 일한다. 전에도 언급되었다시피 개인이 셀프리더의 모습을 보일수록 개인부터 건강해지고 행복해진. 생각의 크기가 이기심보다는 훨씬 크기 때문에 자신의 싸움에서만 이길 수 있다면, 책을 읽는 당신은 셀프 리더에 대해 먼저 관심을 두었으면 한다. 배움은 삶에서 가장 필요한 요소다. 배우면서 사고방식이나 고정관념이 변하고 내 생각이 진리가 아니라 책 속에 진리가 있다는 것을 알게 된다. 내 앎이 전부가 아니듯이 늘 배움 속에서 자신을 노출 시켜야 무지(無知)의 지(知를) 알 수 있다. 아직 논어의 원전을 읽어보지 못해도 여러 사람이 각자 해석한 논어, 책 관련해서 읽다 보면 2,500년 전의 공자의 위대함을 공감하게 된다. 2,500년 전의 말씀이 지금에 수용해도 전혀 이상 하거나 달리 해석할 필요가 없듯이 진리는 그만큼 오래 가고 누구에게나 공감대를 줄 수 있어 셀프리더가 되기 위해서는 반드시 논어를 읽어볼 필요가 있겠다.

공자가 인간(人間)에 대해 수없이 얘기한 것이 사람 일은 언제나 사람 사이에서 일어나며 관계를 통해 이루어져 서로 배우고 살리는 존재이니 인간 모두가 감사한 존재다. 그래서 사람다운 사람이 되고자 노력하는 것은 그 과정 자체가 행복한 기쁨이다. 늘 자신의 부족함을 알고 먼저 돌아보고 분발하게 되면 사람다움이 더욱 깊어짐으로 온전한 자신이 될 때 행복함도 같이 따라온다. 더불어 가치와 같이도 논어의 책 내용에서 알게 모르게 얻어진 것 같다. '擧'과 '習' 의 의미를 다시 한 번 생각해 보면 학으로 생각의 크기를 키우고 익힐 '習'으로 자기 것으로 정립한다. 學은 생각의 思 더불어 조화와 중용을 이루어져 책을 읽게 되면 일단 생각의 크기가 커진다. 자신만 생각에서 인류 전체까지 생각하게 된다. 그게 꿈이다. 꿈을 크게 꿀수록 생각의 크기는 커져 더불어 의미를 제대로 갖출 수 있다. 책 읽는 삶은 내게 가장 큰 축복이다. 비록 아직 밥벌이도 못 하고 있지만 일인 지식기업 전문가 교육 과정 끝나고 생기는 여유는 책을 읽고 쓰고 생각하기가 집중할 수 있는 기간을 얻은 것이라고 생각해 본다. 평상시 꿈에도 생각하지 못한 것을 교육을 통해서 꿈이란 것을 다시 생각해 보고 그 꿈을 위해 내가 무엇을 준비하고 어떻게 해야 할지가 명확히 목표 설정이 되었기 때문이다. 늦었다고 생각할 때가 가장 빠르다고 하듯이 내가 무엇을 어떻게 준비하고 시간을 준비의 시간으로 채워 간다면 어제보다 나은 나 자신은 분명히 채워질 것이다.

인간에게 선한 영향력을 주는 것, 착한 일을 많이 하고 나쁜 일을 멀리하는 것은 하늘의 뜻이기에 사람은 그 뜻에 따르는 순리, 정신, 즉 도덕심을 바탕으로 '경천애인과 홍익인간' 정신으로 삶을 살아가는 지혜의 정신으로 단순한 앎에서 실천으로 옮겨가는 지식이 수행력으로 옮겨 가는 데는 책 읽기가 되어야 자신부터 조금씩 변화될 수 있다. 지행합일의 정신이 생기지 않으면 머릿속에서만 옳고 그름의 자기 합리화에 빠질 수가 대부분이다. 하물며 자기 고정 관념도 만들어 말만 많아지는 경우가 나 또한 이런 경우 다 뭔가 느끼고 행동하기 위해서 단순한 앎이 아니라 내가 앎을 실천함으로써 과정의 즐거움을 알고 행동함으로써 내가 즐겁고 누구나 책만 읽는다고 나아지는 게 아니라 끈질긴 실행력의 차이로 어제보다 나은 내일이 되고 나 자신이 될 수 있다.

시련과 고통을 견디는 힘

배가 항구에 정박해 있는 것이 배의 목적이 아니듯이 사람은 일상의 늘 변화 속에서 시련과 고통은 누구에게나 피해 갈 수 없는 삶의 과정 속의 일부다. 인간은 태어나서 죽을 때까지 시련과 고통의 총량이 정해져 있다고 한다. 젊어서 고생은 나름의 경험으로 나중에 충분한 보상 효과를 주고 젊어서의 편함은 나중에 어려움으로 보상하고 세상은 늘 인과관계 속에 모든 것이 이루어진다. 성공한 삶일수록 그 내면에는 숱한 시련과 고통을 이기고 나서 결과의 성공이 나온다. 고통의 인과관계 속에서 성공의 열매를 따듯이 나의 삶에서도 비록 직장 생활하면서 삶의 변화가 그리 크지 않은 특별한 시련 없이 지내 왔다. 앞으로 더 나락에 떨어질 수 있는 오십 대 중반의 베이비붐 세대에 명예퇴직한 인생이다. 하루하루가 생각의 나래 속에서 고통스럽게 지나갈 때도 있다. 이런 날은 생각이 나를 한 없이 내 굴레에서 떠나지 않는다. 나의 뜬 생각 속에서 나를 두려움의 구렁텅이로 빠져서 순간순간 에고의 괴로움에서 벗어나고자 별의별 생각 속에서 빠질 때가 가끔은 찾아온다. 누구에게도 말은 하지 못 하지만 나의 생각 속에서 벗어나려고 하면 또 생각의 굴레 속이다. 그것에서 빠져나오려면 다른 것에 집중하라! 말한대로 이것도 고통을 이겨내는 과정이라고 나 자신을 설득시킨다. 직장 생활 후 누구에게나 거쳐야 할 관문이 내게만 문제가 아니듯이 내 생각의 중심을 어디에 두고 생각을 접해야 할지는 내가 결정할 수밖에 없다. 생각하는 과정의 연속에서 내가 뭘 중심을 두고 살아갈지에 대해서 생각을 해본다. 내가 잘할 줄 아는 것은 무엇인지 나의 선택이 후회하지 않기 위해서는 무엇을 위주로 해야 할지 생각은 늘 자주 바뀔 수 있다. 생각이 생각 속에 빠지게 되면 더욱더 어지럽게 되는 경우가 나에게도 종종 발생한다. 그래서 때로는 생각의 중심을 가끔은 내려 놓을 때도 필요하다. 이럴 때는 아무리 좋은 말과 문장도 머릿속에서만 아하 그렇구나 하면서 머릿속에서만 그친다. 때로는 한없이 나만 이렇게 못났는지 자존감이 바닥으로 한없이 떨어질 때도 있고 생각의 굴곡 속에서 빠져나올 수 있는 것은 그나마 책 속에서 얻는 다양한 평정심의 문장들이 내 마음을 다시 한 번 새겨 놓는다. 좀처럼 써져 나갈 수 없는 순간의 마음도 또다시 써져 내려가는 것도 어쩌면 하루하루 매 순간 쓴 과정의 산물이라고 생각한다.

성공한 사람들의 과정 스토리를 들으면 '나만 왜 이렇게 못났지?' 하면서 자책할 때가 왕왕 있다. 삶은 늘 고통이라고 불가에서 말한다. 성공한 삶들은 실행력의 차이라고 머릿속에서는 외치지만 나의 실행력은 여러 뜬 생각에서 벗어날 수 없는 것도 머릿속에서만의 앎이 나를 생각 굴레에 갇혀 사는 것이 어쩌면 당연하다. 누구에게도 피해갈 수 없는 고통도 받아들이기 나름이다. 정말로 간절히 죽을 만큼 최선을 다해본 이 땅의 실패해본 사람들도 나름의 고통

없이 어찌 성공한 삶으로 살 수 있겠는가? 실패를 바탕으로 절박한 실천을 했기에 좋은 결과를 얻는 것이다. 마음이 조급해지면 가끔은 운명론으로 생각할 때도 있다. 운명론이 삶의 전환 자세에도 필요한 경우가 있다. 그럴 운명이었기에 그걸 받아드리라 하면서 되돌릴 수 없는 과거에 대해 멋지게 인정하고 바로 지금부터 당신의 운명은 지금 이 순간에 결정되므로 현재에 집중하자는 스토아 철학의 운명론은 현재에만 집중하자는 합리적 철학이자 기독교의 교리와도 비슷하다. 그래서 종종 어려움 속에서도 내가 겪고 있는 마음의 고통도 지금 경험해야 할 운명이라고 생각해 보곤 한다.

자기 계발서와 실용서적에 수많은 성공 사례 그들만의 얘기가 아니라 내 이야기일 수도 있듯이 때로는 시련과 고통 정도의 차이는 있지만 그들의 극복 사례는 그만한 울림이 있기 때문에 나에게도 한 줄기 희망으로 보이고 나 역시 뭔가 새로운 생각으로 다시 재정립해 보고 한다. 성공한 사람들이 공통으로 하는 이야기가 꿈을 가져라! 꿈을 공유해서 주변에도 널리 알려서 주변에도 함께 영향력을 미치세 하라! 꿈을 가질 수 있는 것도 자기 내면의 대화 속에서 자신이 잡아간다. 10년간의 책 읽기와 명예퇴직 후 약 10개월이 지난 이 시점에서 내 꿈의 미션을 다시 적어 놓고 지금까지의 장애물을 넘어야 앞으로 나갈 수 있지 하면서 기나긴 시간을 보내면서 자판을 열심히 두드린다. "배움을 통해서 자기 성장과 행동 변화로 세상에 선한 영향력을 펼치도록 도와주기" 위해서라도 이 과정을 당연한 순서로 여긴다. 오늘 하루의 힘을 믿어 보면서 하루하루의 중요성에 대해서 명언을 새겨 보면서 오늘 당연히 해야 하는 한 일과를 다시 정리하면서 아랫글도 같이 정리해 나가 본다.

소포클레스는 "내가 헛되이 보낸 오늘 하루는 어제 죽어간 이들이 그토록 바라던 하루이다 단 하루면 인간의 모든 것을 멸망시킬 수 있고 다시 소생시킬 수도 있다."라고 말했다.

오늘 하루가 선물이 될지 그냥 지나가는 하루가 될지는 자신의 하루하루에 대한 태도와 관련이 있다. 내가 교육받은 후 마음으로 감정 이동이 찾아올 때는 가장 단순하게 우선 순위를 생각하면서 가장 급하고 중요한 일에 방점을 둔다고 했다. 나는 이 투고를 무조건 기간 내 완성해야 한다는 목표를 두고 이 글을 쓰고 있다. 입으로는 어떤 순간순간을 이겨내겠다는 마음가짐은 다 생각 속에서 모든 것을 다 할 수 있고 받아들인다고 하면서도 늘 늦으라는 현실은 자기 합리화에 익숙하기에 가장 큰 적인 제일 먼저 자기 마음을 들여다 보자. 이 항대립의 용어에 나오는 것처럼 고통 속에는 반대 이면의 행복이 분명히 존재한다고 한다. 고통이 반이면 다른 이면의 행복도 같이 보자. 낮이 있어 밤이 있고 해와 달이 있고 현재의 두려움에 집착하지 않도록 다른 이면을 보는 연습을 해보자. 이런 연습 속에서 두려움을 벗어 날 수 있도록 다른 이면을 보도록 하자.

희망을 품을수록 힘이 생기듯이 부정적인 생각의 굴레도 내가 만든 것이다. 생각의 주체는 나다. 내 생각의 굴레를 희망적인 믿음으로만 두고 정진해 보자. 내 삶의 문제는 늘 내 선택의 결과로 받아들이자. 누구의 탓을 하지 말자. 모든 것은 내 선택만이 나를 조금 더 나은 자신으로 만들 수 있다. 믿음의 확신을 긍정의 결과로 만들기 위해 긍정적인 생각으로 재전환하면서 현재의 시련이나 고통도 항상 터널에 입구가 있으면 출구가 열려 있듯이 언젠가는 끝이 난다는 믿음을 가지자. 내 잠재의식 속에 끝까지 지속시키기 위해 내적 경험은 많든 적든 살아갈 지혜로 생각하고 머릿속에서 정리된 인자들을 내 마음 속 깊이에서 나오도록 내가 만들어 가기 위해 세상의 진리에 나 자신을 충실하게 맡겨 보자. 내가 먼저 배운 것을 같이 공유를 통해서 남이 성장하도록 도와

주는 역할이 될 수 있도록 나의 에고에서 벗어나 이타심이 먼저 다져지도록 인문학적 소양을 바탕으로 자라날 수 있도록 독서를 믿어 보자. 믿음이 현실이 되도록 독서를 통해 실행력이 내 습관이 될 수 있도록 노력해보자. 잘하든 못하든 나를 소중한 존재로서 인정해 보자. 내 마음이 소중하듯이 남도 다 소중하다. 독서 이력이 내 가슴에 실행력의 인자로 작동할 수 있도록 내 마음을 재촉해 보자.

꾸준히 공부를 통해 새로운 지식을 받아들이면 지금 당장 결과가 나오지 않아도 매년 쌓이는 나무의 나이테처럼 책 읽는 삶은 또 다른 나를 만나게 할 수 있다. 조급함은 과정의 적이다. 조급함은 불완전함을 내포한다. 좋든 나쁘든 모두 나의 좋은 경험으로 받아들여서 차후 스토리텔링 소재로 삼아가는 것도 지나긴 과정의 지적 창고를 포기하지 않고 쌓아가는 방법이다.

과정의 고통을 벗어나기 위해서는 책을 읽어야 하는 이유가 명확해야 한다. 이 책을 왜 읽어야 하는지 내가 진정 필요한 것이 무엇인지 생각해야 한다. 유행이나 남들의 시선에 좌우되지 않고 오로지 내 목표에 따라 자발적으로 독서를 해야 한다. 책 읽기가 놀라운 힘으로 발전하기 위해서는 책이 나에게 어떤 생각을 주었는지 내가 무엇을 다시 생각하게 되었는지 생각하는 습관을 들여야 나중에 효과를 볼 수 있다. 줄거리를 요약해서 암기하는 요령만으로는 머릿속에 오래 남아 있을 수가 없다. 기억력의 한계로 시간이 지나면 잊어버릴 수밖에 없다. 초기의 열정적인 의도로 시작해도 중간마다 늪을 헤쳐 나가려면 반드시 그런 과정이 필요하다는 것을 인지해야 한다. 대나무가 땅 아래에서 뿌리를 내리기 위해 5년의 긴 시간이 필요하듯이 책 읽기도 긴 과정이 쌓여야 지적 저장고의 역할을 할 수가 있다. 매일 읽고 쓰고의 과정의 합을 무시하지 말자. 아무리 재능이 없다고 해도 과정의 꾸준함을 믿으면 나중에는 분명히 효과를 낼 것이다.

마음의 혼란과 걱정도 지나고 보면 한 스토리가 된다. 감정의 굴곡을 겪어보아야 인생에서 흔들리지 않는 내공이 조금씩 쌓인다. 4차 산업 혁명 시대에는 다양한 경험이 위력을 발휘한다고 한다. 그동안은 정답이 있는 문답식이었다. 이제는 정답이 없는 미로의 세계다. 다양한 경험들이 모여서 집단 지성의 힘이 발휘하니 다양한 경험의 사례를 통해서 융합하는 능력이 요구된다. 전문가 집단일수록 받아들임이 필요하다. 스스로 무지를 깨닫고 '모른다'는 전제에서 출발해야 한다. '알고 있다'라고 출발하게 되면 자기 인식의 고착화밖에 안된다. 나이를 먹는다는 것이 고정 관념만 늘어나는 것에 그쳐서는 안 된다. 다양한 경험적 총체적 사고 집합체로 출발하기 위해서는 내가 먼저 책 읽기를 통한 받아들임이 우선이 되어야 한다. 머릿속 한계인 고정 관념에서 벗어나서 받아들임으로 출발할 수 있는 지혜의 저장고로 다시 세팅해 보자.

'나'를 만나는 시간

나를 만나기 위한 방법 중 하나가 하루의 일과를 쓰는 것이다. 가장 쉽게 정리되는 방법이기도 하다. 흔히 나에 대한 것이라기보다는 했던 일 중심으로 쓴다. 나에 대한 질문이 여전히 어색할 뿐이다. 성공한 사람들의 가장 큰 특징이 자기 신뢰가 강하다고 한다. 나는 누구지? 라고 질문하면서도 생각을 자꾸 회피하려고 한다. 여전히 내가 나에게 하는 질문에 응답하기가 쉽지가 않다. 나에 대해 생각해 본적이 거의 없기 때문이다.

'내가 잘 하는 게 뭘까?'

딱히 내세울 것도 없다.

'그럼 좋아하는 것은 뭐지?'

책을 읽으려는 의지로 매주 1권씩 책을 읽어 왔던 것 같다. 책 속에 길이 있다는 말처럼 독서는 다양한 지식과 지혜의 창고로 또 다른 나를 생각하는 계기가 된다. 물론 실천 의지와 상관없이 생각의 충격 속에 책을 통해서 나를 투영해 보곤 한다. 또 다른 변신을 하기 위해서, 또 다른 자아를 발견하기 위해서라도 생각의 전환을 하고자 하지만 지금껏 가지고 있는 관성 때문에 쉽지 않다. 그럴수록 나를 위한 투자를 해야 또 다른 나를 만날 가능성이 있다.

중고등학교 시절에 함께 공부해도 사람마다 받아들이는 데 차이가 난다. 내가 좋아하는 공부를 통해서 책을 읽는다면 자발적으로 변화를 이끌 수 있다. 젊은 세대와 기성세대 간의 세대 차이라는 것도 자기 고정 관념의 문제다. 쉽게 바뀌지 않는다. 그래서 나를 비추는 훈련이 필요한데 머릿속의 나 자신을 비추는 것은 언제나 관성이 되살아난다. 나를 사랑한다고 하면서도 머릿속에 나의 좋은 면만 드러내 놓고 싶은 것만 보여주고 나의 약점들은 내보이고 싶은 않은 내 에고에 충실할 뿐이다. 그래서 사랑한다면 나의 에고도 역시 그런 면이 있었구나 하면서 인정하는 것에서 출발할 수 있다.

일인 가구가 대략 25% 요즘 혼밥혼술이 많이 회자되고 있다. 먹고 마시고가 짝을 이루든지 팀을 이루든지 이것도 하나의 고정관념이다. 요즘 변하는 세상이 패러다임이다. 주변과 같이 어울려 지내기보다는 혼자 밥 먹고 술 먹는 세대 간의 이동이 자리 잡았다. 갈수록 더 해질 것이다. 나만의 시간을 혼자 즐긴다는 것이 뭐라 잘못된 것은 아니라도 기성세대와는 확실한 인식 차이가 나는 것은 분명하다.

개인의 사생활도 물론 중요하다. 하지만 사람 간에 만나서 다양한 삶의 연결은 밥 먹으면서 술 먹으면서 서로 간에 갭을 조금이라도 줄일 수는 있다고 생각한다. 人間의 의미를 항상 생각해 보자. 더불어 살 수밖에 없는 것이 인간이지 않은가? 자신의 내면을 관찰하고 자신의 에고를 인정하고 잘났든 못났든 자신에 대해 생각하는 성찰하는 모습은 자신의 미래에 조금씩 전진하는 계기가 될 수 있다. 나만의 관점 속에서 벗어나기 위한 제일 조건이 나와 대화하기라고 생각한다. 스스로가 무엇을 좋아하는지 잘하는지 결론이 나와도 그때뿐이다. 내가 잘하고 좋아하는 것에 집중해서 생각하고 실천으로 옮기려면 생각의 문답법 외에도 관련 책을 두루 보면서 자신을 비추는 연습을 책 읽음을 통해서 할 수 있다고 생각한다. 누구든 후회 없이 살고 싶어서 할 뿐이지만 나 역시 후회도 많이 해 본다. 좀 더 다른 선택을 할 걸 후회한다. 부질없는 생각인 줄 알면서도 하지만 '책을 읽으면서 알게 모르게 이 순간 내가 할 수 있는 최선은 뭐지?' '최선의 일은 나에게 무슨 의미가 있지?' '내가 하루하루를 숙제하면서 사는 건 아닌지?' '내가 선택한 일이 내게 행복함을 주는 것인지?' 등 나에게 질문을 해야 한다. 스스로 답을 찾기 위해 다양한 생각을 하듯이 매 선택하는데 필요한 것이 나에 대한 질문이다. '나에게 어떤 삶이 최선인지?' '앞으로 얼마나 준비 과정을 위해 시간과 물적 준비가 가능한지 현실적 대안은 있는지?' 늘 질문 속에서 생산적인 의미의 답이 나올 수 있다. 질문을 자주 해 보자. 질문 없이 사는 건 생각대로 사는 것이 아니라 사는 대로 생각되는 군중 심리처럼 타인에게만 탓을 지우려는 나약한 마음일 거라고 생각한다.

우리는 하루에 얼마의 시간을 자신에게 질문하면서 살아갈까? 몇이나 자신에게 질문하면서 살까? 사람마다 다 차이야 있겠지만 확실히 단언할 수 있는 것이 자기 꿈이나 목표가 분명한 사람은 자기와의 대화에 충실한 사람이라고 생각한다. 나 자신도 잘못하지만 변해야 할 나의 과제들이다. 그래서 내 철학도 필요하고 내 가치관도 정립하고 '책에서 언급하는 왜 철학이 필요한지?' 가치가 왜 필요한지? 스스로 조금씩 느끼면서 성장할 수 있게 되어 있다. 아무리 보고 듣고 깨우친 것이 없다고 하더라도 생각의 인자는 머릿속에서 벗어나지 않는다. 내 관점은 저절로 바뀌지 않듯이 현재를 변화시키려면 책을 통한 꾸준한 읽기를 통해서만이 가능하다. 내 삶의 주체가 나라는 것에서 출발한다. 인생에는 정답도 없고 개인마다 다양한 길이 있고 오로지 선택만 있을 뿐이다. 좀 더 나은 선택을 위해 나를 비추는 시간 나에게 질문하여 더 나은 대안이 나올 수 있도록 하기 위해서는 꾸준한 나와의 대화가 우선 되어야 할 것이다. 그래야 방향성에 맞춰 나갈 수 있지 않겠는가?

인생 후반전 100세 인생에서 50세를 넘어서 이를 표현했다. 오랫동안 산다는 것이 축복이 될지 불행이 될지 앞으로 무엇을 다시 준비해서 의미 있게 사는지에 달려있다. 도서관에서 정리하는 이 시간에도 젊은이들 대부분이 사지선다형 시험 준비에 목메는 것을 보면서 앞으로 2020년대에는 세상의 변화는 더 빨리 변할 거라고 생각하면서도 그들 나름의 목표가 단순히 공무원에 목숨 거는 것도 우리나라만의 세대 풍경이 아닌가 생각해 본다.

생각의 크기는 무엇을 입력했느냐에 따라 생각의 관점도 변하듯이 나 혼자만이 행복하면 행복한 것이고 나 혼자 잘 먹고 잘사는 것이 행복한 것일까? 또 내가 존재하는 의미는 나에게 무엇일까? 나 자신에게 질문을 주어도 생각뿐이면 변하지 않으려는 내 마음이 더 앞서는지도 나도 모르겠다. 다만 시간의 흐름은 계속 진행하기에 효율적인 시간의 분배를 위해서라도 하루에 한 번이라도 나를 비추는 시간을 가져보자. 다만 나를 위한 시간의 투자는 절대 배신하지 않는다는 것이고 그 질문의 크기가 크면 클수록 내 행동반경은 더 커지므로 내가 조금 더 성장할 수 있는 계기는 된다고 본다.

일상 속에서 반복의 힘을 믿어라! 꾸준한 쓰기를 통해서 마음의 정립도 다시 새롭게 세팅되듯이 일기도 마찬가지로 나를 재정립할 수 있는 나를 위한 질문을 가지는 시간이 자신의 자존감을 회복시킨다. 책 읽기를 통한 시민들이 많아질수록 개인의 자존감도 증대시키면서 행복감도 증대시킬 수 있다고 하니 나로부터의 자신과의 질문 하는 시간은 인생 목표 방향성을 위해서라도 꼭 필요한 과정이라 생각해 본다. 나를 비추기에 읽기도 필요하지만 쓰기도 병행하면 자신이 위로받고 때로는 자극을 통해서 다른 대안을 찾아보기도 하고 다양한 사고를 위해서는 다양한 경험도 있지만, 책을 통한 간접 경험은 나를 비추는 데에 또 다른 질문을 통해서 사고가 연계되어 더 나은 새로운 창의적 안이 나올 수 있듯이 생각의 다양성을 위해서라도 나에게 질문하는 시간을 하루 한 번씩이라도 가져보자.

책 관련 강좌에 가면 남자들보다 여자분들이 더 많다. 지역의 차이 없이 지방이나 서울이나 여성분들이 책 관련해서 관심은 더 많은 것 같다. 자기 인생에 관심은 여자나 남자나 다 같은 건데 나름 표현하는데 여자들이 더 뛰어나서거나 읽기와 쓰는 면에서는 여자들이 일단 더 관심을 두는 것은 확실히 남자에 비해 많은 것은 사실인 것 같다.

왜 책을 읽어야 함을 보여주는 한 예이다. 미국에서 교도소 죄수를 위해 인문학 교육을 통해 왜 자신이 살아야 하는지, 지금 처지를 벗어나기 위해 왜 노력해야 하는지 등 인문학 교육을 통해 죄수들의 삶이 더 긍정적이고 새로운 희망을 품게 되는지는 결국 삶에 대해 질문하는 법을 통해서다.

기억나는 한 예가 미국의 노숙자이면서 중 고등학교를 거리에서 다니면서도 끝까지 포기하지 않은 학생이 미국 명문 하버드 대학에 입학한 예를 보면 누구든지 책 읽는 삶은 평범한 시민들에게도 분명히 삶의 가이드를 제시할 것이다. 다른 생각으로 다른 질문을 얻기 위해서라도 죄수들이 변한다면 일반 시민들은 더 크게 변할 수 있지 않겠는가? 평범한 사람이 글을 쓰면 다른 사람에게도 희망을 주듯이 쓴다는 것이 어느 특정인만의 전유물이 아니듯 세상의 평범함 속에 진리를 찾는 평범한 인간을 통해서도 배우고 다른 삶을 살 수 있다는 희망의 믿음을 주고 싶다. 나를 만나기 위해서는 스스로 공부하는 마음이 우선이 되어야 나를 찾을 수 있다. 또 다른 삶을 산다는 것은 또 다른 인과의 법칙의 적용이다. 내가 조금씩 다른 생각을 집어넣고 다른 희망을 품고 생각은 늘 왔다가 지나가고 다시 생각 속에 휩싸이고 생각하는 주체도 제 생각 속에 굴레는 나를 굴레 속에서 빠져들게도 하고 빠져나오게도 한다. 그래서 가치의 중심 자신의 꿈에 세팅된 미션의 가이드를 생각해 보면 잡생각은 빠져나올 수 있다. 반복되는 책 읽기가 어려워진다면 자신 혼자만의 여행으로 또 다른 나를 만나보는 것도 한 방법이다. 나를 재충전하기 위해서 아무도 모르는 타지에 떠나 낯선 경험만으로도 일상의 루틴이 존재한다는 것에 또 감사할 거리를 찾아보면 다시 생각의 늪을 빠져나오기가 수월하다.

모든 과정은 시간이 필요하다는 대명제에 충실하기 위해 머릿속의 생각에서 실제 나를 찾다보면 자신이 보잘것없음을 또 느낄 수 있고 가족의 소중함도 바닥을 향해 내려놓을 때 못난 자신도 다시 볼 수 있다. 나 자신을 위로해 주고 인정해 보자. 내 생각의 굴레가 얼마나 나를 강하게 잡아놓고 있는 건지도 다른 생각의 충격 속에서 자신을 세울 수가 있지 내 생각의 굴레로 집을 짓다 보면 쉽게 빠져나올 수가 없다.

하지만 나를 비추는 것이 책이라면 자신을 다시 꿈을 꾸게 하는 것도 읽기와 쓰기를 통해서 자신을 잡아 나갈 수 있다. 내가 그나마 책 읽기를 통해서 꾸준한 바른 생각 속에서 이어 올 수 있었던 것도 타인의 삶을 내 삶과 비추어 보면서 나를 자극할 수 있는 다른 생각을 받아들일 수 있기 때문이다. 물론 내 경험이 다른 이에게도 적용할 수 없을지라도 생각은 늘 자신의 관점을 만들기에 다른 관점 시각을 만들기 위해서는 하루하루가 일상의 루틴 반복에서 변하고자 하는 마음과 다른 것을 내 것으로 받아들이려는 태도가 우선이라는 생각도

하게 되었다. 책 읽기를 단순히 아는 것에서 출발하여 좋아하는 것으로 더 나가 즐기는 것으로 자리 잡게 되면 그 분야에 분명히 대가가 되어 있을 것이다. 그 과정이 만 시간의 법칙이 나오고 긴 시간을 잘 헤쳐 나오기 위해서는 끈기의 힘이 필요하다는 것 책 속에서만이 아닌 우리 현실에서도 그대로 통용된다는 사실이다. 세상의 일이 그냥 오는 것이 없듯이 그 과정은 늘 끈질김과 자신과 싸움이 늘 있기 마련이다. 늘 세상에는 배울 거리가 넘쳐난다. 어려운 문제에 도전하든지 실패하더라도 좌절 않고 다시 시작해 보기라든지 타인과의 생각의 공유를 통해서 소통하든지 세상에는 늘 배울 거리가 넘쳐나 이를 통해 한 발짝 성장할 수 있기 때문에 자신을 만나는 시간이 필요하다.

성공한 사람들의 공통점

성공적인 삶을 살았던 수많은 사람들의 생각은 어떠할까? 그 수만큼 다양한 사례들이 모여질 것이다. 성공한 사람들에게는 어떠한 공통점이 있을까?

성공한 사람들의 특징이 정직성이 제일 첫 번째다. 여기에서 성공했다고 하는 것이 단순히 경제적 부만을 이룬 사람들이 아니다. 정직성은 모든 일에 최선의 정책이라고 배웠고 실제도 그렇다. 진실은 언제든 드러나기 때문이다. 순간을 모면하기 위한 유혹은 언제든지 주변에 널려 있다. 싫든 좋든 정직성이 무너지면 제일 먼저 자기 신뢰를 잃는 것이고 주변에도 신뢰를 무너뜨리기 때문이다. 모든 것은 정직성의 토대 위에서 다음을 기약할 수 있기 때문에 정직함이 항상 최우선이지 않을까 생각이 된다. 말은 쉬워도 언제든 순간을 모면하기 위해 정직하지 못한 언행으로 망친 유명 인사들도 많이 보아왔다. 이 시대는 점점 더 정직하지 않으면 순식간에 도태될 수 있다. 인터넷의 발전으로 과거에는 그냥 넘어가던 일들이 증명되는 사진이나 자료를 통해서 순식간에 공유되므로 거짓말은 언제든 탄로날 수밖에 없다. 정직이 최선의 방법이며 정직해야 더 큰 손해를 방지할 수 있다. 모든 것이 연결되는 초연결 사회에서 한 번의 부정직함에 사회 지도층이 모든 명예를 땅에 떨어뜨리는 경우가 대중매체에서 종종 볼 수 있다.

두 번째는 인성이다. 인성이란 성격이 아니라 실력이다. 타고난 것이 아니라 학습으로 익히는 것이고 일시적인 행위가 아니라 지속적인 학습된 습관의 결과다. 인성을 갖춘다고 하는 것은 사전에 충분히 훈련된 학습된 습관이다. 겉으로 보이기 위한 모습이 아니라 실제 혼자 있을 때도 습관적인 행동이 나올 수 있다. 단기적으로 주변에만 보이는 습관이 아니다. 몸에 익힌 습관이어야 자연스럽게 나올 수 있다. 그래서 인성도 실력이라는 말이 있다. 늘 생각과 행동의 언행일치하는 마음속에서 바르게 인성을 잡을 수 있다.

그래서 사람에 대한 평판도 중요하다. 평판은 단시간에 만들어지는 것이 아니라 오랫동안 지속하여서 만들어진 것이다. 요즘 들어 갑질 문화에 대해 논의하는 것도 당사자들의 행동거지가 한두 번 나오는 것이 아니고 꾸준히 지속되었기 때문에 사람들의 입에 오르내리며 논쟁거리가 되는 것이다. 물론 인성이 바르다면 갑질이란 단어조차 사라지겠지만 단시간 내 고도성장이 수직문화를 이루어 알아서 낮추는 문화도 한몫했다고도 보인다. 인성을 갖춘 성공한 사람들은 항상 행복을 염두에 두고 산다. 사람들과의 관계에서 행복하게 살기 위해서는 더불어 살아야 한다는 생각으로 늘 주변에 선한 영향력을 미치고 주변에 자신의 존재 가치에 따른 미션에 충실하면서 함께 행복하게 사는 것을 최우선으로 두고 있어서 주변으로부터 존경을 받는다.

세 번째는 가치 중심 사고를 하는 사람들이다. 그들은 절대로 혼자 성장했다고 생각하지 않고 주변에 선한 영향력을 끼치면서 주변의 도움과 더불어 사회 발전에 공헌하는 훌륭한 가치 중심의 사고를 하고 있어서 어느 수준에 도달하게 되면 눈사람 효과처럼 계속 더 커지면서 선순환 효과를 보게 된다. 그래서 그들은 생각하고 질문하고 가치를 중요한 판단의 인자로 삼기 때문에 일시적이 아니라 지속적인 힘을 갖게 된다. 따라서 이런 생각의 변화가 행동으로 나오기에 성공한 사람들은 늘 가치가 중심을 두고 있다. 예를 들어 수레바퀴 자체는 계속 돌지만 앞으로 나아갈 수 있다. 행동을 결정하고자 하는 확실한 안내지침이 있어서 원칙에 절대 타협하지 않는다. 그런 원칙이 가치를 더욱 확고히 하여 삶의 의미를 누구나 존중하도록 그들 자신이 안내자 역할을 하고 모범을 보여주니 따르는 사람은 자연스럽게 가치를 중심에 두기 마련이다. 성공한 사람들의 삶의 방향성이기도 하면서 미션과 함께 삶의 존재 이유를 갖는다. 주변에 이런 사람들이 많을수록 세상은 조금씩 앞으로 나간다.

네 번째는 사람이 중요하다는 인식을 가진 사람이다. 그들은 먼저 주는 사람들이다. 대부분 받는 걸 먼저 요구하지만, 그들은 먼저 아낌없이 주는 나무들이다. 인생의 황금률을 아는 사람들이다. 보통의 평범한 사람들은 자기 이기주의가 우선이지만 그들은 이타주의 사고가 우선하기에 남들로부터 자발적인 도움을 받는다. 내가 먼저 줌으로써 나중에 보상받는다는 원리가 지극히 정상적으로 작동될 뿐이기 때문에 자연에서도 먼저 씨를 뿌려야 나중에 얻듯이 아낌없이 주는 나무들이다.

또한 세상을 단기간의 목표에 두지 않고 장기간의 목표에 두고 처음에는 손해가 난다고 할지라도 사람을 중심에 두고 판단하고 행동하기에 나중에는 더 큰 이득을 얻게 된다. 그들은 언제나 사람을 목적 중심으로 대하기에 사람이 제일 우선으로 함으로 사람인의 의미를 몸으로 실천하는 사람이다. 그러기에 주변에서는 도와주려는 사람들이 많이 나온다. 이들 대부분이 생각의 크기가 큰 사람들이다. 삶의 중심에 사람을 두니 세상에서 늘 그들이 주목을 받는다. 더불어 가치의 의미를 외치는 사람들이 많아질수록 더욱더 살맛 나는 세상이니 그들의 행동반경에 조금씩 동조하게 되면 세상은 더욱 살만한 가치는 느끼게 된다.

다섯 번째는 항상 감사함의 태도를 보인다. 누구에게나 인생의 고비가 있듯이 시련은 늘 상 마주칠 수밖에 없는 삶의 변화들이 있다. 다만 이런 문제를 어떻게 바라보느냐이다. 한쪽 문이 닫히면 반대편 문이 열리듯이 닫힌 문만 보고 절대 좌절하지 않는다. 다른 이면의 본질을 볼 줄 아는 것이다. 그래서 어려움도 다시 변화의 인자로 감사하게 받아드려 기회로 재사용한다. 우리의 삶도 마찬가지다 삶에서 절망이 올 때 희망을 보고 이항 대립의 생각을 가져서 어려움도 발판의 디딤돌로 사용하는 사람들이다. 그래서 그들은 늘 긍정의 감사함으로 무장 되어 있다. 세상을 바라보는 태도도 역시 그냥 습관화되는 것이 아니라 끝없는 시행착오와 훈련을 통해서 태도도 나름대로는 성찰의 결과로서 감사함의 태도를 습관으로 자리 잡는 것이다. 태도는 영어로 ATTITUDE다. 알파벳 숫자로 점수를 매겨 보면 100점 단어다. 우리는 일상 태도가 되어 있네! 없네? 하면서 판단하듯이 성공한 사람들의 태도는 아무리 힘든 상황에도 세상을 바라보는 태도가 매우 긍정적이라는 사실이다. 문제에 초점을 두느냐 해결에 초점을 두느냐의 차이다. 이런 삶의 방식에서 다시 한번 배우고 내 행동거지로 본받으려고 하는 노력 하다 보면 조금씩 성공의 결과도 뒤따라올 것이라고 믿는다.

톨스토이는 "눈에 보이지 않는 일, 우리는 이 세상에서 가장 중요한 일은 직접 눈으로 보는 일 이를테면 집을 짓고 밥을 경작하고 소를 키우고 과일을 따는 경제적인 일을 하는 것이라고 생각하기 쉽다. 그리고 우리는 눈에 보이지 않는 일. 곧 정신적인 활동을 하찮게 여기기도 한다. 그러나 우리의 영혼을 살찌우는 눈에 보이지 않은 일이 무엇보다 가장 중요한 일이다. "라고 말했다.

보는 바와 같이 눈으로 보이는 것은 하나도 없다 전부 눈에 보이지 않는 것이다. 중요한 것은 눈에 잘 보이지 않는다. 생택쥐베리의 '어린 왕자'의 "중요한 것은 눈에 보이지 않는다." 는 문장처럼 겉으로 드러난 현상에 주안점을 둘 것이 아니라 보이지 않는 본질에 중심을 두어야 양면이 볼 수 있다. 이런 깨달음은 자연스러운 책 읽기를 통해서만이 얻을 수 있다고 생각한다.

의미 중심의 삶에서 경제적인 효과도 자연스럽게 따라 오는 것이다. 경제적 목적이 우선이 되면 남들과 똑같이 이기주의적 평범함으로 가려 버린다. 대부분이 자기 생각 속에 가려져 중요한 본질을 모르고 지나가듯이 성공과 평범함 차이는 이런 인자들을 바탕으로 한 끈기의 힘이 결과를 만들어 낸다. 누구에게나 기회는 있으나 자신의 합리화로 인해서 중간에 멈추다 보니까 성공의 열매를 따지 못하고 그냥 남들과 같이 평범함으로 묻히고 마는 것이다.

하루하루 매일 같이 조금씩 발전할 수 있다는 믿음과 동기 부여는 자신을 더 나은 사람으로 성장하도록 한다. 자신이 성장해야 한다는 목적을 두고 한 발짝씩 조금씩 계속 나아가면 개인의 잠재성도 마찬가지로 성장하기에 생각의 크기가 행동의 크기로 전환되어 바른 습관이 몸에 자연스럽게 베게 된다.

하루를 의미 있게 보내게 되면 작은 성과들이 모여 나중에 큰 성과로 보답된다. 부정적인 것들은 자신 생각의 굴레 속에서 만들어진 허상이다. 좋든 나쁘든 '내 생각의 굴레가 나를 이렇게 만드는구나.' 생각해 보면 무엇이 참인지 거짓인지 생각해 볼 수 있다. 그래서 매일 같이 바른 생각에 바른 행동의 꾸준함이 중요하다.

날마다 누적 효과

하루 이틀의 의미는 단시간이지만 누적되는 하루 이틀은 의미가 엄청나다. 책 읽는 하루하루에는 축적의 개념이 적용되지 않더라도 쌓이면 티끌 모아 태산을 이루듯이 읽는 삶은 늘 축적의 효과를 다가시게 된다. 읽는 습관이 처음에 자리 잡은 것도 리더십 교육 후 책을 읽어야 하겠다는 마음가짐도 시초는 자신에게서 다른 변화를 찾고자 함에 책을 들기 시작했다. 책을 통해서 나의 행동 변화를 이끌고자 시작한 것이 10년의 세월이 지났다. 꾸준한 읽기 습관이 생각의 긍정적 전환을 불러일으켰다. 내 생각의 굴레도 내가 만들어진 허상의 틀이라고 생각하면서도 읽다 보면 내 생각의 틀에 나를 종종 휘감는다. 아는 것과 행동 하는 것이 늘 현실의 갭과 나를 위한 합리화 도구로 사용되듯이 이 책을 쓰는 중에도 수도 없이 나는 글 쓰는 능력이 보잘것없었다고 하더라도 매일 같이 조금씩 써 내려간 양이 매일 같이 채워지고 있다. 내 생각의 프레임이 얼마나 강한가? 내 생각의 틀을 깨치는 것도 내 안에서 받아들이는 정도의 차이에 따라서 더 쉽게 아니면 더 어렵게 나아갈 뿐이다. 직장 생활을 하면서 위기 의식이나 절박성이 없다 보면 자기 습관을 만들어 가는 것도 사람마다 생김새 차이 나듯 습관도 차이가 난다.

그래서 일반 관리자들이 조직에서 나오면 자신의 자존감이 더 없이 추락하는 것도 나에 대한 본질을 모르기에 스스로에 대한 한탄과 자각 그리고 자기 올가미를 채운다. 그래서 내 생각의 굴레를 어떻게 객관적으로 나를 바라볼 것인가도 물어보곤 하지만 뭔가 다른 생각의 충격을 주지 않고서는 책 읽기가 꾸준한 내 습관으로 자리 잡는 것이 요원할 수도 있다. 나름대로 열심히 읽긴 읽는데 변화가 없는 사람들이여, 자기 생각의 틀을 점검하듯이 들여다 보자.

내가 하는 일이 천직인지 아닌지 스스로 물어보자. 단순히 삶의 방편으로 하루하루 현재를 살아가다 보면 현실의 루틴에 익숙해서 조직 내 있는 사람들은 천직의 개념도 생각하지 않는다. 내가 좋아하고 잘하는 일에 집중하는 것이 최고의 행복감을 만들고 해야 조직 내 생활에서 천직도 찾을 수 있지만, 대부분이 조직 내 안락함, 편안함이 또는 현실에 익숙한 먹고 사는 문제로 다른 도전을 시작할 엄두를 못 낼 뿐이다.

나 역시 직장 내에서 최선을 다하고 하루하루 미래에 대한 생각보다는 조직 내에서 순응하면서 좀 더 일을 지속해야 한다는 다람쥐 쳇바퀴에서 벗어난 지도 10개월이 넘기고 있다. 나름의 목표를 세운 것이 일단 나의 글을 써 보는 것에 도전을 시작하자 마음먹고 때로는 자판에 한 줄도 못 나가고 때로는 좀 쉽게 나가고 아직도 나에게 무엇이 천직인지 솔직히 모르겠다. 다만 목표를 위해 오늘 하루도 자료와 함께 쓰기에 집중할 뿐이다.

나는 오늘에 미치도록 전력을 다하고 있는가? 허공의 메아리이다. 전력을 다하자고 하면서도 '오늘 못하면 내일 하지.' 라고 생각하며 또다시 나를 자기 합리화로 나를 가둬 놓는다. 그나마 나를 준비하게 하는 것은 책 읽기를 통한 내 생각의 고정관념을 벗어나기 위해 매일 같이 읽어 나간다. 좋은 내용이 나를 반복으로 이끌어 생각의 전환이 되어 나올 수 있게 하려고 누적되는 힘이 발산하기 위해서라도 10년 법칙처럼 끝없는 자기와의 싸움과 자기 전문 분야에서 10년의 준비 기간을 거쳐야 한다고 하니 과연 10년의 인고의 세월을 버틸 수 있을까? 대부분이 과정을 머릿속에서는 이해하면서도 나 자신이 투자하기에는 너무 기나긴 시간 과정에 중간에 포기하고 포기해서 쌓다가 부수고 쌓다가 부수고 어린아이들의 모래성 쌓기처럼 대부분이 실패의 반복 속에서 살아오니 패배감만 팽배해진다. 이것도 한 과정이다. 실패의 반복이 아니라 실수의 반복일 뿐이다.

그래서 어렵고 힘든 시기에는 하루 한 가지 목표에만 전력을 다하라고 말하고 싶다. 누구에게나 성공적인 삶은 쉽게 오지 않듯이 누구나 과정의 어려움은 일부러라도 보고 싶지 않고 좋은 결과만을 상상하기 쉽다. 수많은 자기계발서 머릿속에서 받아들여지는 수많은 좋은 내용 과연 내가 꾸준한 실천을 했느냐고 물어보면 '내가 부족하다.' '목적의식이 없다.' '실행력이 없다.' 는 등 대부분이 자신을 비하해 버린다. 자기 비하는 그 순간으로 허상이 나를 감싼다고 생각하면서 본래의 나에 대해 집중해서 생각하자. 나에게도 분명히 장기가 있고 지속할 힘도 가지고 있다고 격려를 해주자. 자신을 믿는 것에서 출발해야 하지만 실수의 반복이 자신을 신뢰하지 못하니 실수가 반복될 뿐이다. 자신을 신뢰해야 다시 극복하는 힘을 갖는다.

복잡 다양한 인간세계에서 진리의 힘을 믿어 보자. 사람마다 다양하고 능력 및 재능 차이는 분명히 존재한다. 하지만 꾸준히 누적되는 힘이 영향력을 발휘하는 것은 분명하다. 잘된 것이 잘됨의 효과를 내고 제대로 안 따라주는 것도 분명히 그만한 이유가 있기 마련이다. 매번 포기 하고 싶을 때 나는 외치곤 한다.

"이걸 그만두면 행복할까?"

포기하고 싶다가도 별다른 대안이 없으면 현재 하는 일에 한 번 더 전력을 다할 수 있다.

"과정이 힘들면 남들도 다 힘들어."

누적 과정이 힘들지 않고 그냥 쌓아지는 모래성이 아님을 인식해야 하고 받아들여야 다른 생각을 안 한다. 지속적인 행동을 반복하는 것 외에는 방법 없음을 인정하자.

세상에는 좋은 책 좋은 내용으로 넘쳐나 있다. 누구든지 머릿속에서는 다 공감을 할 뿐 내 실천이 되지 않으면 절대 축적되지 않는다. 수많은 자기 계발서를 읽고 자기 스스로가 실행하지 못하면 아무런 행동 변화가 나올 수가 없듯이 머릿속이 아닌 행동의 누적만이 조금씩 삶을 나아지게 할 수 있다. 누구든지 다 아는 내용이다. 하지만 차이는 실천하는 지속성과 꾸준함의 차이다. 비록 내 삶의 변화가 없더라도 자신을 자기비하하는 마음에서 벗어나자. 다른 방법으로 개선하면 될 일이다. 최소한 읽은 만큼의 내적 변화는 분명히 주었을 거니까 내적 쌓임으로 다시 한번 새 출발할 수 있음을 인지하면서 오늘 안 되면 내일부터라도 시작하자. 비록 작심삼일의 연속일지라도 나 역시 수없이 실천을 지속하지 못해 실수의 반복 상태에 있을지라도 현재를 받아들이자. 수도 없이 시도만 하고 실천의 결과를 만들어 내지 못하는 보통 사람들이여, 모두가 성공하지 못해도 책 읽기를 통해서 나는 최소한 책의 좋은 내용이 내 몸 안에 저장되어 내 생각의 근본을 만들어주고 있다는 사실을 인지했으면 한다.

향을 감싸면 향내가 나고 썩은 생선을 감싸면 썩은 냄새가 나듯이 세상의 낡음도 마찬가지로 늘 책 속에 길이 있고 책 속에 향기가 있음을 알자. 실행력이 부족하다고 더는 자신을 낮추지 말자. 늘 삶은 계속해서 살아야 하니까 다만 오늘 하루를 잊지 말자. 내일은 미래요, 유일하게 실천할 수 있는 오늘이 있음을 감사하게 생각하고 오늘 할 일에만 하루하루를 축적될 수 있도록 노력하자. 하루에 한 가지 우선 순위에서 반드시 해야 할 일에 집중하다 보면 하루하루 시간의 흐름에 축적되기 마련이다. 읽기를 통해서 공부하는 재미도 느끼고 즐거움을 함께 해서 즐거운 감정의 이동도 내 선택임을 알고 내가 판단하여 결정한 것이다. 모든 것은 내가 주도적으로 선택할 수 있는 선택 사항임을 알자.

인간은 하루에도 오만가지 잡생각을 하는 생각 주머니를 가지고 있기에 잡생각에 시간을 휘둘릴 필요가 없다. '오냐, 한 잡생각이 들어왔구나.' 인지하면 그 생각은 생각만으로 떨어져 나간다. 생각과 생각이 연결되어 타인과의 비교는 가장 큰 자기 비하에 큰 적임을 알고 '너는 너. 나는 나.' 라는 개념으로 단지 어제의 나와 비교를 통해서 조금씩 나아진다는 축적의 힘을 믿고 오늘 하루에 전력을 기울여 보자. 하루하루는 바로 표시가 나지 않고 당시에는 순간순간 역경이 너무 괴로워 포기하고 싶은 순간에도 매 순간 열심히 기회로 여겨 슬기롭게 헤쳐 나간다. 바닥에 떨어지면 올라가려는 의지가 큰 만큼 바닥을 경험한 사람들은 포기하지 않는 한 내면에 긍정의 마음이 충만할수록 더 크게 성장할 수 있다. 이런 성공한 사람들은 유난히 회복 탄력성이 높은 사람들이다.

개인이나 조직이나 진득한 끈기의 힘, 그릿의 힘 마음의 근력을 키우고 성장 발전할 수 있다는 믿는 정신이 끈기의 누적 효과를 가능하게 한다. 갑자기 좋아지고 갑자기 안 좋아지고가 아니라 하루 연속되는 습관의 반복을 통해서 조금씩 나아지거나 조금씩 퇴보하거나 무엇보다도 자신에 대한 신뢰가 우선 먼저다. 내가 나를 인정해 주어야 타인도 나를 인정하듯이 세상의 일은 공평하다. 이런 끈기의 지속하는 힘을 갖기 위해서는 현재에 감사하기다. 누누이 감사함의 이야기는 많이 들어보았어도 감사한 일 하루에 5가지만 쓰기를 매일 저녁 한 달만 실천해도 삶을 대하는 태도와 자세가 달라진다고 한다. 감사일기 쓰기부터 시작해보자. 지속하는 끈기의 힘이 한 번 해보자고 해서 그냥 만들어지는 것이 아니라 내 마음에 긍정적 정서가 먼저 존재해야 마음먹고 의지한 대로 지속 하는 힘이 생긴다고 한다.

내가 나를 통제하기 위해서는 나의 부족한 것을 채우려고 하지 말고 내가 잘하는 것에 집중하라고 한다. 내 마음을 먼저 들여다보자. 어려우면 내가 남을 평가하는 마음이 어떤지부터 보자. 타인을 보는 마음이 내 마음이니 내 마음 바로잡기 위해서는 먼저 타인을 존중하고 타인의 장점을 먼저 보라고 한다. 내 마음이 긍정성이 내재하여야 바른 내적 성장동력을 마련할 수 있다. 누적 효과를 말하면서 왜 타인 존중과 내적 동력을 말하느냐 끈기와 지속의 힘을 발휘하기 위한 전 단계가 자기 존중하는 힘과 타인 존중하는 마음이라고 한다. 내가 계획하고 지속 하는 힘을 꾸준한 축적의 결과로 가지려고 타인을 사랑하는 마음과 강점과 장점 위주로 보는 관대한 마음이 결국 나 자신을 존중과 강점 및 장점의 눈으로 볼 수 있어 나 자신의 동력을 만들어 지속하기가 쉬워지기 때문이다. 남을 사랑하는 마음이 독서 3년 하면서 처음으로 잡아낸 키워드인 것처럼 책 속에 진리가 있고 삶의 진수가 다 녹아 있어 꾸준한 책 읽기로 지속의 힘 누적 효과를 스스로 체득해 보자.

읽으면서 생각한다

나는 사십 대 중반에 책 읽는 습관을 조금씩 삶의 일부로 생활하기 시작했다. 앞서 언급했다시피 회사 내 리더십 교육 참석 후 책 읽는 습관을 지니게 되었는데 학생으로 읽어야 할 책들은 읽은 적이 거의 없었던 것 같다. 단순히 책 읽고 독후감 써오라는 숙제를 과제 제출물을 내기 위해서 낸 정도밖에 기억이 없다. 최근 들어 독서 관련하여 독서 지도나 독서 토론 지도 등의 나의 업을 위해 필요로 하는 자격을 갖추기 위해 인터넷 수강을 하면서 조금이나마 책에 관련한 전문적인 교육을 받고 있을 뿐이다. 지금에 자판을 두드리면서 좀 더 체계적인 교육을 통해서 책 읽기를 배웠다면 더 효과적이지 않았을까 생각하기도 한다. "대부분이 책을 많이 읽은 사람들이 보편적으로 더 세련된 문체나 문장을 가지고 있고 독해 능력도 더 뛰어나다."라고 한다. 또한 읽을수록 철자나 맞춤법에도 더 뛰어난 상관관계를 가지고 있다. 왜 그럴까? 사람의 생각은 들어온 입력 인자에 의해 표출되기 때문에 좋은 내용이나 문장 문체 등은 읽고 쓰고 하는 중에 내 몸에 일부분으로 들어와 적절한 시기에 생각이 튀어나오기 때문이다. 그러기에 어려서부터 독서 습관은 중요하고 책 읽는 습관도 어려서 부터 습관화해야 나중에 성인이 되어도 자연스러운 관성으로 자리 잡을 수 있기 때문일 것이다. 읽는 습관을 들이기 위해 내가 경험했던 크게 4가지 방법을 언급하고자 한다.

① 주변 환경에 항상 책이 있게 하라

사람은 늘 환경의 지배를 받고 사는 동물이다. 그래서 자기 주변에 책을 두면 자연스럽게 책을 볼 확률이 높다. 나도 처음에는 주로 주말 도서관에서 책을 읽는 습관을 들이고자 일정이 없으면 무조건 동네 도서관으로 직행했다. 주로 자기계발서나 리더십 경영 관련 서적을 주로 탐독하면서 일주일에 무조건 2권 목표를 두고 읽기 시작함으로써 주말 생활이 어떤 책을 읽을까 신문을 보면서도 신간 책 서평이나 추천 책 위주로 주말에 신문에 나오는 책 소개란을 보게 되는 습관을 들이게 되었다. 주변에 책이 있으면 읽으려는 의지만 있게 되면 자주 접하니까 볼 확률이 높아진다.

8시간이면 정독을 하더라도 한 권은 충분히 시간상으로 읽는다. 중간마다 잡생각이 들면 신문의 칼럼이나 사설 위주로 보게 되면 읽기뿐 아니라 생각하는 힘도 덩달아 키울 수가 있다. 읽다 보니까 쌓이는 책의 양도 개인 책꽂이가 부족하여 거실에 따로 책꽂이를 맞춤하여 책을 넣다 보니 거실이 책꽂이로 둘러 쌓여있어 언제든지 쉽게 책을 뽑아서 볼 수 있는 환경을 만들었다. 늦게 자리 잡은 책 읽는 습관이지만 집에 들어가면 주변에 항상 책이 쌓여 있으니까 TV 스크린에는 자연스럽게 멀어지게 되는 것 같다. 주변 환경에 책이 많으면 자연스럽게 책을 볼 수 있으니 아이들한테 굳이 책 보라고 할 필요도 없다. 자연스럽게 부모가 책을 읽으면 애들은 그냥 따라할 뿐이다. 무조건 애들한테는 책 보라고 잔소리하면서 부모는 연속극이나 본다면 애들은 그냥 잔소리가 싫어서 책 보는 흉내만 낼 뿐이다. 부모가 먼저 읽으면 애들은 자연스럽게 부모를 따라할 뿐이다. 아무튼 책 읽는 습관은 어려서부터 자연스럽게 습관으로 들여서 자연스러운 행동으로 자리 잡아야 오랜 습관으로 지속할 가능성이 높다.

② 주말 시간을 철저히 활용하라

직장 생활하면서나 자영업을 하면서 평일에 시간을 활용하는 것 자체가 쉽지 않다. 조직 내에서도 잠시 짬 나는 시간에 책을 읽는다면 남의 눈총을 받기도 쉽다. 특히 점심시간 이용하여 시간을 활용하면 조직 내 윗사람들은 별로 좋아하지도 않고 눈총을 주는 경우가 왕왕 있다. 괜히 눈치 보면서 읽으면 제대로 읽은 내용도 소화되지 않기 때문이다 차라리 아침 시간을 활용하면 그 시간이 더 효율적일 수 있다. 일정 시간을 반복해서 시간을 내는 것이 어렵다고 하여 작심삼일로 끝나서 그렇다. 하지만 주말 시간은 특별한 약속만 없다면 소파에서 스크린과 함께 뒹굴지 말고 동네 주변의 공공도서관을 이용하게 되면 열심히 공부하는 학생뿐 아니라 자기 계발을 위해 주말에 도서관을 찾는 장년층도 많아 주변을 통해 자신이 자극도 받을 수 있어서 장소가 주는 편안함과 쉽게 많은 책을 둘러보면서 다양하게 책을 볼 수 있다는 장점이 있다.

모든 것이 선택 사항이지만 책 읽기는 시간이 필요하다. 읽기 위해서는 다른 시간을 배제해야 한다. 특히 주말 골퍼들은 항상 선택을 통해서 시간을 활용할 수밖에 없다. 시간의 투자 없이 그냥 이루어지는 것이 없듯이 시간 활용의 선택이다. 결국, 미래를 위한 투자는 자신의 시간과 항목을 선택할 뿐이다.

③ 재미에 중점을 두어라

재미를 느끼기 위해서는 먼저 자기가 재미있어 하는 책 위주로 먼저 선택해보라고 권하고 싶다. 만화책도 상관없다. 일단 재미를 느끼면 읽는다는 자체에 습관이 들이면 종류를 달리 해서 볼 확률이 생기는데 처음부터 막연한 책 읽기보다는 일단 재미있는 책 위주로 습관을 들이기 위한 사전 도구로 목표를 둔다. 일단 습관이 들면 종류를 달리하는 것은 과정 일부분이라고 생각한다. 뭐든지 재미가 있어야 효과나 효율이 높다. 처음부터 의욕만 앞서서는 오래 가지 못한다. 또 고전서나 추천서도 역시 책 읽는 재미를 느끼기 전까지는 시작해도 쉽게 지쳐서 습관이 달아날 가능성이 높기 때문에 앉아서 책을 보는 습관을 들이기까지는 재미난 것 위주로 읽었으면 하는 바람이다. 읽기는 독해력 문제 문법 철자법 등을 발달시킬 수 있는 최고의 방법이며 시간의 활용 면에서 이보다 좋은 것은 없다고 생각한다. 또한, 읽기를 통하면 오로지 책 내용에 몰입할 가능성이 높으므로 집중력도 향상이 된다. 읽고 나서 쓰는 활동은 오로지 생각을 쓰기에 집중할 수 있다. 쓰기만큼은 딴생각이 절대로 들어올 수가 없다. 오로지 생각의 집중 속에서 쓰기가 가능하기에 몰입할 수 있는 절대적 조건을 가지게 된다.

④ 짬 나는 시간을 활용하라

누구에게나 하루 24시간 동일 시간의 양을 준다. 항상 내 선택만 남아 있을 뿐 뭔가를 선택할 때는 반드시 동전의 양면처럼 반대 사항도 따라오기 마련이다. 인생이란 늘 선택에 놓여져 있다. 내가 어떤 선택을 하느냐다. 사람이 기계처럼 움직이기도 쉽지 않지만 업을 위해 필요한 시간 외에는 조금의 시간적 여유는 반드시 생긴다. 다만 그 시간에 뭘 하면서 선택하지 않을 뿐이다. 요즘은 자기 차량으로 출퇴근하는 사람이 많지만, 서울 및 수도권에서는 대중교통을 많이 이용한다. 공통으로 느끼겠지만 10에 반 이상은 손에서 핸드폰을 보면서 이동 시간을 보낸다. 출퇴근 시간이 한 시간씩만 해도 왕복 2시간이 생긴다. 두 시간이면 보통의 정독 속도라도 100페이지 정도는 읽을 수 있다. 꼭 책이 아니어도 좋다. 신문 지면상의 글을 읽다 보면 몰입해서 읽을 수 있어 생각의 잡생각이 들어올 틈이 없다. 스마트폰은 집중해서 보고 있다가 라기보다는 무료한 시간을 채운다는 개념이므로 자기 주도성이 없다 보니 덜 효과적이다. 분명히 하루 일 과중 출퇴근 이동 외에도 자신만의 자투리 시간은 분명히 존재한다. 그러니 개인의 선택만 남아 있을 뿐이다.

인류가 집단의 농경 생활을 하면서 정착하는 시기에 대략 오천 년 전이라고 한다. 인류의 발전은 무엇보다는 생각하는 힘으로 세상은 계속 발전되어 왔고 문화적, 영국의 산업 혁명 이후 과학적 사고방식의 토대로 서구 문화권이 기계 문명의 발전으로 논리적 이성적 과학적 사고 개념이 우선되어 서구문명인 유럽과 미국이 동아시아보다 더 앞서가게 되었다. 연구에 의하면 뇌의 역할에 대해서 연구하여 결과물을 발표한 지가 60여 년 전이고 우뇌에 대한 연구도 최근의 결과물에 의해서 나온 것이다. 생각을 언어나 수식으로 생각하는 것은 좌뇌이고 우뇌는 창의성 영감 상상력을 담당한다. 몸의 행동을 조절하고 과거를 회상하는 것도 우뇌의 역할이다. 4차 산업 혁명 시대를 요즘은 인간의 창의성 상상력 영감에 의해서 세상은 더 불확실하게 변해 가는 중이다. 이제는 논리 중심적 사고에서 벗어나 개인의 무한한 상상력이 지배하는 정답이 하나가 아닌 여러 개 아니면 정답이 없는 세상에서는 우뇌의 자극이 무엇보다도 필요하다고 생각한다. 지금까지의 암기 중심 사고가 바탕이 된 정답 찾기에서 벗어나려면 책 읽기가 우선 되어야 한다고 생각한다.

다른 생각, 다른 상상력이 어우러진 융합 능력이 필요하다. 책을 통한 상상력, 새로운 영감, 경험이 수반된 창의성뿐만 아니라 읽기는 좌뇌와 우뇌를 골고루 활용시켜주기 때문에 어려서부터 책 읽기를 통해서 생각하는 습관은 절대적으로 필요하다. 앞서도 언급했듯이 가면 갈수록 늘어가는 세상인데 단순히 저장된 지식으로 점수에 의해 사람을 뽑는 지금 방식이 정말 제대로 가는 방향인지 여전히 의문이 든다. 대학교에서도 단순히 지식의 전달 창구로써 기능하고 4차 산업혁명 시대에 걸맞도록 감성을 터치해서 젊은 세대들이 뭔가 다른 꿈을 찾아갈 수 있도록 해주는 것이 교육이라 생각하는데 나 혼자 개인만의 우려일까? 아무튼, 새로운 변화는 분명히 필요한 시기이다.

미츠오 코다마는 "침묵의 두뇌로 불리어 온 우뇌의 기능을 최초로 밝힌 사람은 로자 스페리 박사이다. 그는 좌뇌와 우뇌를 연결하는 신경 섬유 다발인 뇌량을 절단된 분할 뇌 환자에게 다양한 실험을 하여 대뇌반구 각각의 기능을 밝혀냈다. 그의 이러한 실험으로 좌뇌는 언어를 표현하고 우뇌는 영상을 표현했다는 사실이 판명되었다. 예를 들면 과거에 만났던 사람의 얼굴을 알아보고 골프의 스윙 폼이나 그림을 보고 감동하는 일은 언어를 표현하는 좌뇌 에게는 무척 힘든 작업이다. 그러므로 이제 창조적 우뇌를 적극적으로 활용해야 한다. 성공한 사람들은 우뇌로 생각한다." 라고 말했다.

책 읽기를 통한 생각의 변화는 얼마나 질문의 충격이 크냐에 의해서 평상시 진리가 허구였음을 알았듯이 지금의 진리가 영원히 진리일 수도 없다. 시간의 변화와 과학의 발전에 따라서 진리도 변화할 수 있다. 책을 읽는다고 모두가 창의성을 뛰어나게 역할을 잘할 수는 없지만, 과정이 필요하다. 창의성도 "새롭게 창조되는 것은 없다."라 고 아리스토텔레스가 말했듯이 기존에 있는 것에서 연계 융합하여 새롭게 개선된 어떤 것에 불과한 것이다. 그럴 때 창의성이 발휘되는 것이다. 전화기가 스마트폰으로 진화되듯이 마차가 무인 자동차로 진화되듯이 다른 시도 다른 행동의 과정을 통해서 또한 무수히 많은 시행착오를 겪으면서 기술은 진보되기 마련이다. 진보됨은 그만한 과정을 이기고 겪어낸 것으로 경험이라는 축적물을 쌓아간다. 경험의 축적 속에서 융합된 축적물이 나오는 것처럼 연결되는 끈질긴 과정의 힘이 성공의 관문에 1차 요소라고 생각한다.

생각의 충돌을 다양성으로 충돌시켜 더 큰 시너지가 나올 수 있도록 있도록 하기 위해서라도 읽기에 의한 쓰기로 생각의 축적물이 계속 쌓아지도록 인문학적 사고가 더 많이 필요할 시점이다. 다양한 방면에서의 책 읽기가 쓰는 과정을 통해서 다양한 사고를 낳듯이 다양성을 융합하는 다양한 책 읽기가 긍정, 희망, 동기 부여되는 생각 변화로 행동의 변화로 무수한 과정의 반복을 통해서 무언가 인류를 위해 기여하려는 꿈들이 많아질 때 실패를 통한 개선 과성이 모여질 때 세상은 지금보다 더 좋은 세계로 나아갈 수 있다.

읽으니까 행동이 변한다

이 글을 정리하면서 지난날을 생각해 보면 만남 속에 변화로 연결됐다고 생각을 해본다. 처음 직장을 잡을 때였다. 1990년도에 학교 추천으로 혈액백 전문회사에 입사하고 사람 인맥도 이어오면서 또 다른 기회를 잡을 수 있었고 구미에 혈액 백 공장에 생겨서 이직하면서 그곳에 자리를 잡고 1998년 IMF 터지기 직전에 미국 의료기기 글로벌 회사인 BD Company에 인수 합병되어 공장과 영업 양쪽을 경험하고 2011년부터 2016년까지 여러 중소기업을 전전하면서 2016년 연말 부로 명예퇴직을 했다.

2017년부터는 처음에는 3개월간 책이나 읽어야지 하면서 3개월간 동네 도서관으로 출퇴근 하면서 그동안 못 읽은 책들을 열심히 읽고 지내면서 마음의 평정심을 가지려 많이 노력했고 모든 것은 다 때가 있다는 심정으로 그 당시 현재를 받아들여서 감정의 변동성이 크지 않게 하면서 책과 함께 지내 왔으나 4

월부터는 마음의 변동성이 자주 또한 커져 자꾸 조급함과 불안감이 자주 나타나기 시작해서 계속 이렇게 책만 읽고 있어서는 안 되겠구나 싶어서 내 생각의 변화를 잡기 위해서는 다른 행동을 통해야 다른 결과를 얻을 수 있다는 믿음으로 일인 지식기업전문가 과정에 등록하여 11주간 교육을 받고 다시 8월 중순에 더욱더 학습에 더 익숙해지기 위해 재교육을 결정한 상태가 나 자신의 마음가짐이 알게 모르게 내 생각의 변화 속에는 그동안 여러 책을 읽으면서 마음의 갈피를 잡고 나름대로 중심을 잡을 수 있었던 것 같다.

리더십, 경영학, 심리학, 인문학 등 생각의 변화가 행동의 변화까지 아직도 생각만으로 있는 것도 많이 있지만, 그중에서도 법륜 스님의 '즉문즉설'을 통해서 내가 주체가 되는 것 생각은 언제든지 왔다 갔다 하는 생각과 감정의 이동성 그리고 모든 생각은 내가 만든 허상이다. 모든 것은 나의 선택 사항이다. 책을 읽음으로써 생각의 이동을 통해서 행동으로 변했고 아직도 많이 실천력이 약해서 머릿속에서 아는 좋은 습관들도 많이 있지만, 생각을 다스리는 마음 내가 나를 관리 할 수 있다는 믿음이 전에 보다는 확실히 자리 잡은 것 같다. 물론 아직도 많이 머릿속에서만 있고 실천 못 하는 것도 많이 있지만, 변화의 계기 속에서 사람과 만남과 다양한 책을 통한 내 마음의 평정심 유지 등 나 스스로 조급함과 불안감도 내가 만든 사실을 인지했던 것도 그동안 책을 통해서 또 영상 교육받은 걸 통해 나 스스로 깨달은 사항이라고 생각한다. 물론 내가 도가 트였다. 개념이 아니라 자신에 대해서 어떤 관점으로 나를 만들고 있는지 등 다양한 시행착오와 머릿속에서만 아는 사실과 실제 행동으로 나오는 습관 등 한두 달의 단기간 고정에서 오는 것이 아닌 10년 동안 책 읽기를 통한 장기간 마음가짐의 변화가 내 행동으로 자리 잡았다고 나는 생각 한다. 그동안 책 읽는 것이 억지로 한 것이 아니라 나 스스로 좋아서 했으므로 내 행동거지가 전보다는 좀 더 나이진 모습으로 변한 건 확실하게 느껴진다.

시행착오는 여러 번의 반복과 후회를 남겼지만, 다시 시작하는 마음가짐으로 나를 주인으로 의미심장하게 느껴서 지금 모습으로 서 있지 않았나 생각한다. 의미 부여하고 그만큼 성장했다고 생각한다. 남들은 10년간 책을 읽었으면 엄청난 깨달음에 성공하는 모습을 보여주어야 한다고 말할 수 있겠으나 어려운 시기에도 책을 읽는 동안 더 행복했고 매번 삶의 희망과 긍정성이 나 자신에게 찾아왔다. 비록 현재 아직 밥벌이도 못 하는 가장이지만 일인 지식 교육을 통해서 내 꿈도 다시 설정하고 내 미션과 비전을 만들어내고 학습을 통해서 인생 이모작을 다시 새롭게 시작해보자는 계획도 마음도 다시 가지게 되었다.

매번 쓰는 각 소주제에도 어떻게 써야 하나 불안한 마음도 왔다 갔다 있었지만, 쓰기 시작하면 하루 양을 매번 채워 나가고 마치기도 하면서 매 순간이 포기하고픈 마음도 있기도 했지만 흔들리지 않고 피는 꽃은 없듯이 마음을 다잡고 조금의 결과로서 보이는 것이 내가 나를 만든다고 생각하니 나 프레임을 '어떻게 설정하느냐가 나를 만든다.' 라는 말에 공감해 본다.

책을 읽으면 생각은 수도 없이 변한다. 하지만 한두 권으로 쉽게 변하지 않는다. 읽은 것과 행동 하는 것이 차이를 인정하면서도 매번 읽어왔던 내용 인지로만 끝나다 보니 머릿속에서만 맴돌아 왔던 나 자신을 되돌아보면서 내가 안다 하는 것도 남에게 자신 있게 설명해줘서 상대가 공감 인정이 되는 책 읽기가 아니었다. 그렇다 보니 내 행동반경의 변화가 크지 않았지만 봄에 본 "본깨적"이 나름의 행동이 습관화로 꾸준히 변화할 수 있겠구나 하면서 나의 행동 변화를 위해서 다시 재준비 중이다. 아직도 머릿속에서 아는 생각의 고정 관념을 탈피하려면 단순히 읽는 것에서 책을 읽고 무엇을 위해 읽는지 책에서 나는 무엇을 배울지 목적 중심을 위해 책에서 언급한 요령에 내 행동거지에 무엇을 변하게 할지는 꾸준한 습관 만들기 외에는 다른 방법이 없으므로 사소한 행동이 습관이 되기 위한 노력을 제 세팅해야 할 시기이다.

아직도 나름 많이 부족한 실행력을 가지고 있지만, 책과 친해진 과거의 10년이 내가 나를 지배하는 성숙한 시민으로 반듯한 생각을 하고 미션과 비전을 만들어 세상을 향해 인생 이모작을 재출발하는 이 시점에 나를 성장하게 한 책읽기가 있었기에 다시 꿈을 꿀 수가 있다. 내가 잘하는 것이 직장 생활하면서 축적된 나름의 기술인 것도 알지만 한정된 자리에서 자연히 새로움으로 자리이동되는 것은 자연 이치와 마찬가지로 당연하다고 느껴진다. 다만 내가 잘하는 것은 내 의지와 상관없이 선택할 수 없지만 무슨 말이냐면 상대방의 대규모 투자가 반드시 따라져야 하므로 내가 기술을 가지고 있다고 하더라도 내가 선택할 수 없다는 말이다. 내가 좋아하는 것으로 다시 재출발 준비하는 것이다. 과거 10년간 책 읽기도 없었다면 남들과 같이 먹고살기 위해 간단히 창업할 수 있는 일에 기웃거릴지도 모르겠다. 다만 내가 그동안 읽어 왔던 내용을 나의 콘텐츠에 포함해 어제보다 나은 내일을 만들기 위해 오늘도 책을 읽어 나간다. 내가 아는 것을 삶의 지침으로 늘 행동하는 모습이 일상이 되기 위해서 공유하고 배운다면 내 삶의 조화는 '어제보다 나은 내일'이 된다고 생각한다.

머릿속의 앎이 아니라 늘 생활 일부분으로 지행합일 하는 마음으로 하루하루를 살아왔더라면 지금보다는 더 나은 모습이 되어 있을 것이나 10년의 책 읽기가 단순히 읽었다는 마음 충족만으로는 내 생활에 변하는 모습은 여전히 미진하다. 다만 생각이 변해서 좋은 행동의 습관을 덜 갖추어진 상태로 현재의 나를 생각해 본다. 과거의 일이야 바꿀 수 없듯이 단순히 읽어서 행복한 삶이 아니라 아는 것을 행동을 통해서 바꾸어 내 모습! 변하기 가장 힘든 사람이 자기 자신이라고 하지 않던가? 다만 내가 변하면서 타인에게도 영향력을 미쳐 같이 성장하고픈 마음은 여전하다. 아직도 책 읽기의 초보 단계를 벗어나지 못한 것이 사색해서 책에서 주는 의미를 내 삶의 일부로서 적용하면서 행동해야 함에도 여전히 나는 아직 많이 부족하다. 하지만 책을 통해서 조금씩 성장하고 있다는 믿음과 내 생활이 바르고 건전한 생활이 되도록 늘 마음가짐에서 머물러서 그렇지 내가 가진 태도 역시 아직은 더 많이 깨우치고 성찰해야 만이 책 읽는 삶이 나를 매 순간순간 기쁨으로 연결되어야 함에도 내가 아직은 받아드림에만 익숙한 것 같다. 안다는 것에만 멈추다 보니 나 자신을 객관화시키지 못하고 인지함으로만 끝나다 보니 더 이상의 진전이 없어 보인다. 단순히 읽은 것을 정리하면서 외우고 작가의 관점으로만 받아드리다 보니 나를 투영해 보는 사전 연습이 아직도 많이 부족하기에 내 생각을 접목해보는 다양한 시도 끈질김이 많이 부족하기에 실제 성공했던 사례가 없을 뿐이다. 이 모두가 과정에서 내가 느끼고 행동했던 실수의 사례다.

독서의 경지가 최고의 단계까지 오르기 위해서라도 매 순간 책을 통한 삶의 적용으로 내 삶은 책과 같이 행동하기 위해서라도 더 많은 나의 성찰이 필요하다. 나만이 나를 지배하고 관리 할 수 있듯이 책에서 배운 삶의 긍정성과 희망에 따라 나를 항상 더 나은 삶을 위해 지금은 부족하더라도 하루에 최선을 다하면 그 과정은 노력의 합산한 결과 합이 나온다는 믿음을 가지고 '피그말리온 효과' 가 믿음이 확신처럼 되기 위해 나 자신을 신뢰하는 일이 제일 먼저다. 그동안 누적된 실천 하지 않음에 대한 나 자신의 비하 불신 이제는 떨쳐 내 버리자. 인생 이모작 준비 기간을 좀 더 느긋하게 준비해 나가자. 앞으로 미래는 내가 방향 설정 한 대로 내 노력만 남아 있을 뿐이다. 부정적인 생각도 내 관점에서 만든 하나의 허상이라고 자주 나를 격려 해주자. 늦은 나이에 시작된 책 읽기 남들이 보면 늦게 뭘 책을 읽어야 하겠지만 공부하는 기쁨이나 행복을 알게 되면 누구도 늦은 것을 자책할 필요가 없다고 생각한다. 스스로 안돼! 하면서 포기하거나 시도하지 않는 것이 문제이지 내 삶이 내가 생각한 대로 기대한 대로 흘러가지 않겠지만 사람 사는 것이 별것 있겠는가? 그냥 살아가는 것이지 내 인생 나의 본질에 충실하기 위해서라도 내게 바르게 살아가야 할 지침은 무얼까 나는 크게 3가지를 제시해 본다.

① 방향을 제대로 설정하자

공통적으로 언급했지만, 인생에서 중요한 것은 속도가 아니라 방향이다. 내 삶의 방향을 제대로 꿈과 함께 다시 잡았으니 그 꿈을 향해 지속해서 노력해보자. 내가 포기하지 않으면 된다. 꿈에 도달할 때까지 전진해보자. 내 미션과 비전이 도달할 때까지!

② 내가 만들어 나간다

잘되면 내 탓 안 되면 남 탓 핑계를 대기처럼 쉬운 것이 없듯이 대부분 이유와 핑계만 있으니 자기 목표에 도달하기가 쉽지 않은 것이다. 모든 것은 나의 선택에 있는 것이다. 잘 나든 못나든 나의 선택이므로 오늘 하루하루 현재에 선택하는 것을 제대로 선택하기 위해서 더 많은 깨우침과 성찰 자신의 반성을 통해서 어제보다 나은 내 삶을 만들어 나가자.

③ 긍정적 실천력과 태도가 결정된다

내 삶을 바꿀 수 있는 것은 벌어진 일에 내가 어떻게 반응하느냐에 대부분 달려 있다. 수도 없이 생각하고 교육받고 태도의 중요성을 알면서도 내 관점에서의 나의 합리화를 객관화시켜서 뭐가 최선인지 제대로 방향을 잡고 가는지 늘 긍정에 방점을 두고 양면의 존재를 인지하면서 긍정의 생각이 긍정의 결과로 연계되는 점을 명심하고 좋은 습관이 일상의 관성처럼 지속적 실천적 행동으로 변화해가자.

제5장
책 읽는 삶을 위하여

전 세계 인구 70억 명이 각기 나름의 생김새를 갖고 있듯이 설령 쌍둥이 일지라도 같은 사람은 없다. 그래서 인간은 각자 나름의 재능과 특기를 가지고 있다고 한다. 만일 없다고 생각한다면, 내면에 자신의 본질을 아직 찾지 않았기 때문이다. 아직 발휘되지 않았을 뿐이지 자신을 잘 아는 것이 중요한데 의외로 자신과 대화하기에 익숙한 사람들이 드물다. 나 또한 마찬가지지만 자신을 안다고 하는 것이 그만큼 중요하고 자신의 삶을 개척하는 데도 필요하다고 하면서도 여전히 어려워한다. 꾸준히 훈련되지 않은 탓이다. 누구든 자신이 소중하다고 말하지만 자신을 소중하기보다는 자만심, 자존심에만 신경을 쓰다 보니 상호 간 존중의 자세는 사라지고 오로지 자기 이기심에만 목숨 거는 것이 요즘의 세태다. 그러다 보니 내가 조금만 손해 보아도 입에 거품 물고 싸우고 조금의 충격에도 감정이 폭발하고 감정 정리를 잘 하지 못한다.

산업 사회가 낳은 또 다른 이면이다. 지그지글러는 "사람은 자신의 관점과 일치하지 않는 행동을 할 수 없다. 자신을 부정적으로 보는 사람은 긍정적인 일을 절대 하지 못한다."라고 말했다. 나 역시 자존감이 책을 보기 전에는 무진장 낮아 있다고 생각했다. 내 시대의 어린 시절만 하더라도 한 집에서 공부 잘하는 아이들 위주였고 못 미치면 상대적으로 많이 비교 당하고 눈치만 늘어가는 것이다. 나의 관점으로 이유를 댄다고 생각하겠지만 어쨌든 그 당시에 느낀 자존감은 바닥이었다고 생각한다. 그런 면에서 내가 잘하고 좋아하는 것도 없이 학교생활 평범하게 시간을 지내 왔다. 내가 아이들을 키우면서도 부모 마음이 되어야 부모 마음을 안다고 했나? 마음이 아프다. 어려서부터 나의 자존감을 키우기 위해 나름 나에 대해 생각하고 무엇을 할 건지 앞으로 계획은 뭔지 진지하게 고민해 본적도 없고 그냥 하루하루 현재에 순응해 가면서 살아왔기에 나를 생각하는 것에 대해서 여전히 어색할 뿐이다. 늦은 나이에 책을 읽으면서 자존감, 자기 존중감에 대해서 책을 통해서 많이 배우는 계기가 되었고 책을 읽은 후 가장 큰 성과라면 자기 존중감을 배웠다는 것이다.

내 생각의 한계를 정하는 것도 나 자신이고 벗어나는 것도 나 자신이고 세상을 살아가기 위한 지혜와 자연의 이치를 조금이나마 공감하는 계기가 결국은 책 읽기를 통한 나의 성장이었다. 내 마음을 알려면 타인의 보는 눈이 내 마음이라는 걸 절대 공감하면서 주변에 살아가는 이웃이나 동료, 만나는 사람마다 인위적인 이미지를 위해서가 아니라 선한 내 마음이 내가 행복해지는 길임을 읽으면서 깨닫기 시작한 것이다. 진심으로 마음으로 공감해 주는 것이다.

존 맥스웰은 "자신은 사랑이나 존경받을 가치가 없다고, 자신에게는 난관에 맞설 힘이나 행복을 누릴 자격이 없다고 여기며 적극적으로 생각하고 욕망하고 희망하기를 두려워하면 다시 말해 기본적인 자기 신뢰, 자기 존중, 자기 확신이 결여돼 있다면 다른 어떤 자산을 소유하고 있든 자존감 결핍이 한계를 정한다." 라고 말했다. 책 읽기가 의문이나 호기심을 자극하여 더 적극적인 질문 자세를 유지하고 실제 회의 석상이나 모임에서도 왜라는 질문을 많이 하는 계기도 되었다. 40대에서만 하더라도 회사 경영진에게 당돌한 질문도 던졌다. 그래서 다른 사람이 눈치 주고 내 생각의 굴레에만 빠지다 보니 내 생각만이 옳고 타인의 생각은 옳지 않다는 이분법적 논점에서 벗어나지 못하고 내 주장만 옳다고 언성만 높아지고 지금도 생각하면 많이 얼굴이 화끈거린다. 남에게 보이는 나를 많이 생각했던 것 같다. 본래 나한테가 아닌 보이는 나를 높이기 위해 질문도 어렵게 해보고 조그만 지식이 전부 옳은 양 내 생각의 프레임에 한동안 살았던 것 같다. 2012년 혈액 백 공장을 퇴사하고 자발적인 실업 상태가 약 7개월 지속하면서 하는 일에 대한 고귀함과 주변에 대해서도 감사하지 못함을 철저히 깨우치고 하면서 마음의 변화를 갖고 꾸준히 책을 통해서 마음의 양식을 쌓아가면서 내 나름대로 정리하고 성찰했던 것이 과거보다 나은 나 자신으로 서 있는 것이다. 그전에만 하더라도 그름과 다름의 차이를 구분하지 못했던 같다. 다름과 틀림의 차이를 한참 후에나 인정하고 받아들이게 되었다. 책을 읽은 지 5년 정도 지나면서 자연스럽게 변한 내 삶의 태도와 습관과 어울려서 그동안의 습성이 현재의 나로 변한 것으로 생각한다.

때로는 좋아했던 사람의 글을 읽은 것이 더 큰 고정관념을 양산할 수 있기도 하다. 내가 좋아하면 내 선입견에 쌓여 다른 생각 시야를 갖진 못하기도 하기에 책 읽는 사람이 조심해야 할 사항이기도 하다. 삶은 늘 불확실성의 연속이듯이 확실성을 조금이라도 갖기 위해서는 책 읽기를 통한 내 습관을 지녀 책을 통해서 행동 변화의 원천으로 삼아가기 위해서는 뇌를 끊임없이 작동시키려면 책만큼 유용한 도구도 없다. 다만 내가 왜 이 책을 읽어야 하는지 목적의식 속에 읽은 후 성과를 조금 더 높일 수가 있다고 생각한다. 청소년 시기에는 OECD 국가 중에서 학습적인 면에서 상위 클래스를 유지했던 대한민국이 성인을 대상으로 하면 독해력이 5등급 중 2등급에 해당하는 것도 우리에게 시사하는 바가 크다. 단계가 높을수록 독해나 토론 실력이 우수하다고 하니 성인들의 토론이나 독해 실력도 중간 이하로 떨어지는 것도 책 읽기가 생활화 안 되었기 때문이라고 생각한다. 조지 버나드 쇼는 "삶은 자신을 발견하는 과정이 아니라 자신을 창조하는 과정이다." 라고 말했던 것처럼, 정체성이라는 불변하는 본질이 있는 것이 아니라 우리가 지금 인식하고 있는 정체성이 바로 본질이다. 인식이 변하면 본질도 바뀐다.

앞서서 뇌의 가소화도 언급했듯이 뇌의 사용 부위를 더 늘이기 위해서라도 책 읽기를 통해서 다양한 사고와 감정으로 뇌의 효율을 더 높일 수가 있다. 일련의 책 읽기를 통해서 삶의 변화도 추구하고 행동 변화로 배움으로 더 큰 행복을 얻기 위해서라도 성인들은 더 책을 읽어야 하는데 우리나라에서 1년에 책을 한 권도 읽지 않는 사람들이 1/3 정도다. 본인을 위해서라도 책 읽는 재미를 느껴야 한다. 스스로 재미있는 책 위주로 조금만 습관을 들이면 다른 책도 읽어갈 수 있고 생각하는 힘도 증가된다. 그래서 강연에 참석함으로써 질문도 적극적으로 해 보면 좋다. 그래서 교육도 일방적 강의 수업은 오래 집중력을 발휘하지 못하지만, 토론식 수업은 본인이 참여함으로 자기가 주체가 되므로 적극성을 띠게 된다.

동기 부여가 되기 위해서라도 여행도 다니고 많은 경험을 쌓고 일상의 루틴을 벗어나 새로움의 경험을 통해서 배우려는 의지만 있다면 어디서든지 동기화는 가능할 것 같다. 주말 휴일을 소파와 TV와 친하게 지내는 사람들은 다시 한번 곰곰이 자신에 대해서 생각해 보기 바란다. '지금 이 순간, 내가 제대로 가고 있는가?' 이 문장은 어느 책에서 읽은 문장인데 내가 조그만 나태해지거나 다른 생각에 빠질 때는 나에게 던져 보는 질문이다. 세상에는 도와주려는 선한 의지를 가진 사람과 유능한 사람들 천지다. 편안히 안락한 삶을 즐기는 자들이 아무런 변화 없이 변화된 새로운 결과가 나올 수 없듯이 행동 변화의 씨앗을 지금부터라도 뿌려보자. 행동 씨앗을 뿌리면 배움으로 인한 행동 변화가 계속 동기 부여되어 선순환 확률이 높아 시간을 더 알차게 사용하면서 자신의 삶을 더 유용하게 살면서 자신의 가치관 형성과 인생 100세 시대를 맞이하여 자기의 온전한 책 읽는 습관을 들인다면 내가 먼저 변하는 모습도 주변 사람에게 선한 영향력을 비춰 주변까지 선하게 행복하게 하는 일거양득의 효과를 누릴 것이다.

독서 습관은 어릴 때부터

독서 습관을 어릴 때부터 들이는 것이 좋다는 것은 누구든 다 안다. 평범한 진리다. 그런데 왜 잘 안 될까? 나 자신부터 반성하게 된다. 내가 먼저 배우고 아이들한테 솔선수범하면서 제대로 키우지 못했다. '자연스럽게 아이들은 부모의 모습을 그대로 배운다.' 라는 평범한 사실을 이 글을 쓰면서도 아이들 어린 시절 책 보는 습관 관련 영상을 보니까 절실하게 느껴진다.

좋은 부모가 아이들이 어릴 때부터 책 읽는 습관을 자연스럽게 가르쳐 준다. 아이들이 혼자서 생각하고 호기심을 유발하고 질문한다. 상위 0.1% 부모는 아이들을 감정적으로 혼내는 부정적 감정을 유발하는 게 아니라 철저히 스스로 생각해서 더 나은 방향을 아이들이 제시하는 방향으로 지도를 하고 평범한 부모는 대화 중 바로 목소리가 커지고 행위 중심으로 야단만 치니 아이들의 반항은 당연하게 보인다. 평범함과 특별함의 차이가 분명히 드러난다. 인간의 뇌가 15세 정도면 각 부위가 성숙하게 발전한다는데 어려서의 논리적 사고 언어적 사용, 공감하는 감성 등이 중요하다. 나는 가장이니 밖에서 돈만 벌어다 주면 끝이라고 생각하고 아이들은 엄마가 알아서 다 하는 거라고 생각하면서 거의 무신경으로 살아왔음에 가슴으로 반성하게 되었다. 아이들이 꼭 공부 잘하고 책도 많이 읽고 알아서 하면 좋겠지만 내가 먼저 공부하고 배운 것을, 아이들과 함께 지도해보면서 지내 왔다면 더 나을 걸, 후회가 된다.

어려서 읽은 책은 자연스럽게 자기의 머릿속에 읽은 단어들이 머릿속에 새겨져 말이나 글로 주로 쓰게 되는 단어가 될 수 있다. 자신만의 언어 습관이 책을 통해서 내면 양식으로 교양으로 아이들이 스스로 생각할 줄 아는 바른 학생으로 자라날 수 있다. 어려서부터의 좋은 습관이 관성의 일상으로 자리 잡는다면 굳이 나이를 먹어가도 자기 스스로 생각할 줄 아는 학생으로 성장할 수 있다.

우리나라가 고도성장으로 무조건 빨리빨리 고정문화로 자리 잡았지만, 책을 읽은 사람은 인간에 대한 이해가 가슴으로 와 닿는다. 아프리카 아이들에게 달리기 시합을 시켜 1등에게는 딸기를 준다고 하자 아이들은 손을 잡고 뛰어갔다 "왜 먼저 뛰지 않느냐?" 고 하니까 먼저 뛰면 "1등만 행복하잖아요." 그들에게는 1등만 행복한 것이 아니고 누구나 전부다. 행복하길 원하길 바라는 '우분투' 정신에서 더불어 어울리면서 살 줄 아는 인간의 지혜를 배울 수 있다고 생각한다. 아이들의 생각은 어른들보다 덜 고정적이기에 물을 빨아드리는 스펀지처럼 다양하게 생각할 수 있다. 어려서부터 좋은 습관이 선(善)을 행하는 길이다.

어려서부터 독서가 생활화되어 있으면 공부에도 유리하다. 공부하면서 책의 요점을 정리할 줄 알고 무엇이 중요한지 말하려는 요점이 뭔지 파악하는 능력이 더 뛰어나다. 언어적 소질도 읽고 쓴 만큼 대화를 하면서도 주도적으로 참여하고 상대방에게 공감하는 능력을 보여주고 자기 관리 능력을 갖춘다. 다 좋다는 걸 알면서도 우리 부모 대부분이 공부해라, 책을 보아라, 말만 앞서서 아이들한테 보이는 부모들의 행동거지가 그대로 투영되기 때문이다.

지금이야 젊은 세대들은 아이가 많아야 한 둘 정도로 어려서부터 조기 교육과 다양한 책과 함께 놀이로 베이비붐 세대들과는 분명히 차이가 있다. 더 나은 사회를 위해서라도 부모가 솔선수범해야 하며 공익광고의 학부모처럼 남들보다 빨리 먼저가 아닌 가치와 더불어 의미를 새겨주고 지식 공부가 아닌 어릴 때부터 뭐가 소질이 있는지 꿈은 뭔지를 대화를 통해서 아이들 스스로 성장할 수 있게 부모가 먼저 책 읽는 모습을 보여주고 지식이 아닌 삶의 지혜를 아이들과 자유로운 대화를 통해서 부정보다는 긍정으로 아이들과 공감대 형성해야 했었다.

아이들도 생각할 줄 안다. 믿어주고 사랑하고 더불어 가치 인간의 이기심보다는 이타심이 더 행복할 수 있다는 생각 하는 힘을 키워주어야 4차 산업 혁명 시대가 그들에게 닥칠 시기에 더 큰 영향이 발휘하지 않을까 생각한다. 부모가 먼저 배움의 의지를 두고 노력해야 가능하다. 엄마가 알아서 교육을 전담해서도 안 된다. 아버지도 역할을 다 해야 아이들은 어려서 배운 대로 잘 커 나갈 수 있다.

인간의 뇌는 대략 15세 전, 후면 뇌는 제대로 자리 잡는다고 하니 어려서부터 책 읽기를 통해서 꾸준한 반복 독서를 통해서 뇌의 활용도를 더 높여야 뇌의 부위 활성화에도 좋다. 뇌의 다양한 부위 활성화는 읽기와 더불어 운동이 아주 효과적이라고 한다. 체력과 민첩성 운동성 모두가 균형적 사용이 요점이다. 물론 나 역시 어느 것 하나 제대로 실천해보지 않고 좋은 말만 하냐 할 수 있겠지만 4차 산업 혁명 시대 초입 단계에 앞으로 변화는 기하급수적으로 불확실성이 증대되므로 책 속에 진리가 있다는 절대적 믿음이 현실이 되기 위해서는 부모가 먼저 배우려는 의지가 중요하다.

아이들은 보고 들은 대로 알게 되어 부모를 따라가기 마련이다. 어린이 동화도 우리가 배운 대로의 고정 관념이 아닌 아이들만의 창조적 시각을 가지므로 부모는 고정 관념 때문에 유연한 생각을 할 수 없다. 위인전도 그 시기에 나름의 꿈의 모델을 찾기 쉽도록 위인전 등을 읽도록 하여 간접 경험과 공감 능력을 키워줄 수 있다. 어린 세대들만이 마음껏 상상력을 발휘하여 줄거리 또 다른 대안이 되고 이야기가 되고 부모가 함께 읽어서 아이들의 상상력을 북돋아 주고 부모와의 유대감을 통해서 어려서부터의 책 읽기 습관은 아이들의 문제가 아닌 부모의 문제라고 생각한다. 가정 내 안정된 정서 능력이 뇌 발달에 두뇌 세포와 두뇌 세포와 연결되는 시냅스에 연결망에 막이 두꺼워진다. 이게 '마이엘린'이라고 표현하는데 아이들이 공감적 정서 능력이 뛰어날수록 안정하여 공부도 잘한다고 영상에서 본 적이 있다.

아이들에게 잔소리할 게 아니라 부모가 먼저 배우고 행동으로 보여줘야 아이들이 제대로 커 감을 많은 영상에서도 참고할 수가 있었다. 지금 세대들이야 스마트 폰에 익숙해서 어른들보다 다양한 정보 접근이나 영상 자연스럽게 배운 세대들이다. 앞으로의 변화도 이끌어갈 주역들이다. 한 가지 과거의 예로 히틀러 부친은 행상으로 업을 꾸려서 집을 자주 비우는 경우가 많았는데 엄마가 불륜을 저질은 걸 목격하고 나서 유대인에 대한 증오심과 적개심 때문에 나중에 유대인을 학살했다는 책을 본 적이 있다. 비뚤어진 사고방식도 자기 생각의 굴레 편견에서 자기가 만들어 나간다. 바르게 성장시키기 위해서라도 인간 본연의 가치 중심은 어려서 성장하면서 나름의 생각 굴레를 만들 가능성이 매우 높다. 그러므로 어려서부터 생각의 정립 가치관을 어느 편견 없이 갖추기 위해서라도 다양한 책 읽기가 객관적 사고방식을 갖춘 젊은 세대로 성장할 수 있다고 본다.

어려서부터의 사고방식이 자기 나름의 고정 관념으로 형성될 수 있다. 하지만 풍부한 독서는 다양한 사고를 하게 만든다. 늦은 나이에 시작한 책 읽기지만 그동안 생각하지 못했던 가치관, 인간애와 더불어 함께, 관점 등 여러 키워드가 더 많은 고정관념을 양산했을 수도 있다. 책은 남들의 성공 사례를 통하여 간접 경험을 자기가 직접 실행을 통해서 자기의 습관을 만들 수 있어 스펀지처럼 빨아 드리는 어린 학생 때부터 책 읽기가 한 습관이 될 수 있도록 더 많은 부모 관심이 필요하다.

미디어에서 본 적이 있는 박원희 양이 어려서부터 좋은 책은 3~4번씩 반복해서 다양한 책을 읽었고 미국 명문대 11개 대학에 입학 허가를 받았다는 내용을 본 적이 있다. 어려서부터의 습관이 미국 학생들도 힘든 11개 입학 허가를 받았다는 것은 살아있는 생생한 증거이다. 한국에서 유학 간 하버드 유학생 중 제대로 자리 잡는 비율이 불과 10% 미만이라고 한다. 우리 교육 시스템과의 미국 교육 시스템 차이에 적응 못 하는 사람이 그만큼 많다는 증거다. 이걸 보면서도 어려서부터 책 읽기를 통한 다양한 지식을 통해서 나름의 자기 생각을 가짐이 어느 교육 시스템에서나 적응 가능하다는 증거 아니겠는가?

좋은 것은 따라서 배우려고 노력해야 내 것으로 될까 말까다. 다양한 간접 경험을 통한 책 읽기가 인공지능 빅데이터 4차 산업 혁명 시대에 가장 최적화된 사전 준비 방법이 어려서부터의 책 읽기가 아닌가 생각한다. 억지로 숙제하듯 타율에 의해서는 오래 갈 수가 없다. 어려서부터 재미를 키워주고 21세기 인재상은 다양한 경험과 연계된 창의적 인간이라 한다. 어린 학생이 주 무대가 될 2030년 세계는 세상은 지금보다 더 복잡 다양한 세계가 될 것이다. 아직도 지식 충전이 먼저라고 생각되면 다시 한 번 부모가 공부해야 한다고 생각한다.

시대의 패러다임을 볼 줄 알아야 아이들에게도 생각의 크기를 키워 줄 수 있다. 세상의 모든 것에는 동전의 양면처럼 겉면과 뒷면이 있다는 존재의 사실을 알게 하고 비록 현재의 겉면이 가장 힘들고 어렵더라도 그것도 한 과정이고 과정이 끝나면 포기하지 않는 한 또 다른 동전의 뒷면이 나올 수 있다는 양면의 논리가 세상은 항상 존재한다는 평범한 진리를 아이들도 책을 통해서 먼저 알아가기 위해서는 내가 옳다고 생각하듯이 타인의 의견도 옳다고 존중해주는 상호 존중하는 마음가짐이 우선이 되어야 한다. 나만의 독서로 내 생각의 고정관념이 아니라 상대의 마음도 배려하는 마음을 어려서부터 습관화되어야 '더불어' 와 '같이' 의 의미를 머릿속이 아닌 내 가슴으로 품어 나올 수 있다. 사람이 습관이 반복된 관성이듯이 늦게 배운 습관보다 어려서부터 자연스러운 습관이 관성이 되도록 하기 위해서는 내가 있으면 남이 있다는 평범한 사실 내 몸으로 체화되기가 쉽지 않듯이 그 과정 역시 쉽지 않다. 어려서부터 위인전이나 성공한 삶의 모습을 보면서 나를 투영해보는 것은 책을 통해서 나를 조금이나마 타인과 더불어 사는 삶이 개인 이기적인 삶보다 더 행복하고 고귀하다는 것을 많은 사례를 통해 쉽게 인지할 수 있기 때문이다.

머릿속에서만 생각하고 상상하는 것은 지속하기가 쉽지 않다. 그래서 부모가 아이들과 대화할 때 아이들 의견도 존중해주고 상대를 설득시키기 위해 먼저 인정해주는 법을 자연스러운 대화를 통해 늘 실생활이 되어야 아이들과 대화를 할 수 있다. 서로 간의 통하지 않는 세대 차의 갭이 안 되기 위해서라도 부모가 먼저 배워서 내 아이들에게 먼저 사전 연습해보기를 통해 세상은 사람을 통해 더 행복하게 잘 살 수 있다는 평범한 사실이 내 가정에서부터 어려서부터 자연스러운 관성의 습관처럼 자리 잡았으면 좋겠다.

마더 테레사는 말했다. "나는 내 인생의 길에 대해 말할 수 있습니다. 내가 걸어온 길을 보면 그 길이 어떤 것인지 알게 될 것입니다. 그 길은 단순 합니다. 그 길은 그래서 더욱 아름답습니다."

나이가 들수록 책을 읽어라

늘은 나이란 없다. 모든 것이 자기가 생각하기 나름이다. 도전하지 않는다는 것은 다 핑계가 아닐까? 독서를 한다는 것은 책에 충실하게 자기를 맞춰 살기 위해서 라고 생각한다. 그래서 평범한 사람들의 이야기가 대중들에게는 또 다른 감동을 일으킬 수가 있다. 또 다른 긍정과 희망을 선사하여 아주 작은 나비 효과처럼 선한 영향력이 주변에도 펼쳐 니갈 수 있디. 내 생각의 관점을 어떻게 잡느냐가 중요하다. 평상시 책 한 권 잡지 않다가 갑자기 책 보기가 쉽지는 않다.

최근에 대구에서 열린 '청춘 도다리'를 지인의 소개로 처음 참석했는데 강연을 통해서 평범한 주변에서 흔히 볼 수 있는 사람들이 강연자로 나서 그들의 진솔한 삶 이야기를 들으면서 그 어떤 공감대가 가슴을 움직여서 감동이 흘러들어 마음속에서 나 스스로가 핑계로만 살지 않았는지 나를 다시 돌아보는 계기도 되었다. 일상의 루틴이 쉽게 변하지 않지만, 강연회를 통한 타인의 삶의 이야기를 통해서 더 큰 울림도 접할 기회가 되었다. 주변을 잘 활용하면 꼭 책이 아니어도 다시 마음을 고쳐먹는 핑계가 지배하는 삶이 아닌 내게 중요한 것이 무엇인지를 느끼게 하는 중요한 시발점이 된 것 같다. 나만 힘들고 고달프게 자신을 자책하지 마라. 남들도 삶에서는 많은 고난과 역경을 그들 나름의 방법을 통해서 이기고 극복해서 나름의 스토리를 만들어 낸 것이니까 처음부터 특별한 것이 어디 있겠는가? 그들도 수없이 포기하기 쉽고 현실 안주하고 싶고 현실의 유혹도 그들만의 목표와 꿈을 향해 조금씩 나름의 방법으로 스토리를 이룬 것에 깊은 찬사를 먼저 보낸다.

강연회도 처음 참석해 보면서 삶의 무지개는 특정 사람만의 것이 아닌 대다수 평범한 사람에게도 분명히 자기가 포기하지 않는다면 꿈의 무지개는 언제가 자연스러운 삶의 스토리로 완성되지 않겠는가 하면서 다음의 강연도 내심 기대가 되었다. 책 읽기는 결국 자신이 모르는 것에서 새로운 깨우침이다. 인생 100세에 지천명이라는 50세를 넘어서면 세상은 어느 정도 다 경험했고 아는 것처럼 이야기하기 쉽지만, 세상은 평생 배우면서 살아야 한다는 성현들의 말씀에 깊은 공감을 불러일으킨다. 그렇다고 책 읽기가 전부가 아니다. 현실의 삶 속에서도 우리는 다양하게 배울 수가 있다. 언제 어디서 누구한테서는 배울 수 있는 것은 천지다. 나 자신의 관점에서 평계 대거나 중요한 것으로 인지하거나 저자 강연회도 처음 참석해보았는데 평범한 직장이거나 주부이면서도 수필이나 자기계발서를 낸 것을 보면 누구만의 책 쓰기가 전유물은 아닌 것 같다. 진솔한 삶의 이야기가 꼭지별로 모이면 책으로 완성된다. 평범했던 사람들에게서 나온 진솔한 강연이었기에 마음의 공감대가 더욱 쉽게 다가온다. 저자들에게 힘찬 응원의 박수부터 보내본다.

나이가 들면 자연스럽게 기억력이 떨어진다. 어느 순간부터 나 역시 어쩌다 마주한 사람들이나 기억을 통해서 같이 근무했던 사람들의 이름 또는 매스컴에 나왔던 유명인들의 이름이 종종 생각이 안 나서 당황했던 적이 한두 번이 아니다. 나도 세월의 앞에 나의 기억력도 쇠퇴해진다는 느낌을 자주 경험하게 된다. 기억력이 나이 들어 점점 퇴보하는 것이 자연스러운 현상이겠지만 학자들의 연구에 의하면 뇌를 자주 사용할수록 뇌의 가소화 효율로 즉 다시 말하면 근육이 단련되는 것처럼 책을 읽어서 뇌를 자극할수록 기억력 쇠퇴도 늦출 수 있다는 것이 얼마나 다행스러운 일인가? 평범한 사람들의 책 읽기는 최대한 책에 쓰인 내용대로 그대로 받아서 삶의 일부분처럼 행동하려 한다. 그만큼 자기 생각이 없다 보니 최대한 작가의 의도대로 따라 하려고 한다. 문제는 지속성이지만 그만큼 받아들이는 태도는 평범한 사람들이 더 잘 받아드린다. 하지만 어느 정도 많이 읽었던 사람들은 자기 생각 주관이 확고하기에 앞뒤로 재는 경향이 뚜렷하다. 그리고 머릿속에서만 선별하여 좋고 나쁨의 구분 속에 자기 생각 속에 빠져 실천하려는 의지보다는 읽었다는 만족감으로 또는 다 안다는 내용으로 해서 실천력이 떨어질 수가 있다. 내가 현재 그런 단계다.

아이들이 배우는 단계에서 스펀지처럼 쑥 빨아드리듯이 어느 정도 책 읽은 나음에는 머릿속에서만 움직여서 실천이 쉽지가 않다. 그래서 최근에 본 "본깨적" 독서법에 대해서 3P 과정 교육을 통해 다시금 새롭게 나의 독서법을 제 세팅하는 중이다. 세상이 빠르게 변하는 만큼 정보 처리도 뇌에서 알아서 알 것이 많아진다. 그래서 눈으로 쉽게 읽는 스마트폰의 처리는 쉽게 왔다가 쉽게 빠져나갈 수밖에 없다. 그래서 책 읽기는 진득한 시간의 투자와 함께 뇌의 근육 훈련처럼 오랫동안 습관으로 이어져야 나중에 나이를 먹을 수록에도 치매 올 확률이 줄어든다. 나이 들어 치매 없이 제 수명을 다하는 것도 개인적인 큰 행복이다. 주변에 피해도 주지 않고 누구를 위한 책 읽기가 아니라 건강하고 행복하게 살기 위한 기본적 욕망이 책 읽기를 통해서 건전한 습관으로 잡아야 개인 성장과 더불어 뇌 근육량 확보를 위해서라도 나이 들어서 독서는 반드시 준비해야 할 사전 습관이다. 물론 책만 읽으라는 것이 아니다. 다른 생각을 재충전하기 위해서는 운동도 필수적이어야 한다는 것이 전문가들의 의견이다. 한쪽에만 치우치지 말라는 이야기다. 다만 책을 읽다 보면 개인 성장하기 위한 기본 요소가 책 읽기이므로 자신과의 합리화 핑계만 대지 않으면 언제든지 강연과 주변을 통해서 책을 읽는 동기 부여는 분명히 생길 수 있다. 그런 동기 부여 환경이 될 수 있도록 자주 노출 시켜야 한다. 쉽게 머릿속으로 온 생각은 쉽게 빠져나간다. 마음의 울림이 있어야 할 행동으로 이어질 가능성이 높다. 그런 환경에 빠지도록 의도적으로 노출시켜야 한다. 사람은 늘 환경의 지배를 받는다고 주변의 환경에서부터 책을 읽을 수 있는 환경 조성이 중요하다고 생각한다.

은퇴가 가면 갈수록 빨라진다. 은퇴 이후의 삶은 반드시 책과 친해져야 노후에도 성장하는 기쁨과 삶의 의욕을 재충전할 수가 있다. 은퇴 후에도 자기 일을 뭐든지 갖기 위해서는 자기 준비가 필요하듯이 필수 항목인 책과 운동은 반드시 기본 중의 기본이 되어야 할 것이다. 다른 것과 마찬가지로 책 읽는 것도 효과를 보려면 꾸준함 외에는 방법이 없다. 읽기와 마찬가지로 쓰기가 엉덩이의 진중함으로 이어져야 효과가 있듯이 쉽게 생각하라! 이 세상에 쉽게 오면 쉽게 빠져나간다. 과정의 힘을 믿고 지속해야 한다. 지속적인 과정 없이 이루어진 것은 이 세상에 아무것도 없다. 엉덩이의 진중함을 두고 꾸준함이 결국 습관을 온전하게 만든다는 생각으로 은퇴 전에 반드시 준비해야 할 습관이라고 생각한다. 특히 조직 내에서만 있었던 사람들은 퇴직 후 우물 안 개구리 생활의 연속 속에서 세상살이의 고단함이 더욱 크게 와닿는다. 내가 그동안 뭘 했는지 자기 자존감도 많이 떨어진다. 누구든지 책 속에서 삶의 희망성과 긍정성을 찾을 수 있다. 나만 힘든 것이 아닌 다른 사람들도 일련의 과정을 겪고 나서 현재의 위치가 있는 것이지 그냥 준비 없이 이루어진 사실이 절대 아님을 스스로 책을 통해서 간접 경험해 보아라! 인생 이모작 삼모작을 해야 제 수명을 다하는 시기다. 책과 친해지지 않고는 긴긴 시간을 헛되이 보내기에 십상이다. 더불어 디지털 시대의 패러다임에 맞도록 디지털 기기 사용에도 평소 관심을 두지 않으면 스스로 포기하기가 쉽다. 디지털 기기도 인간을 위한 도구인데 똑똑한 세상 속에서 사용 방법이 복잡해지면 배우려고 하지 않고 남에게만 의존할 수도 없고 그러다 보면 쉽게 포기해진다. 그래서 기기에 대해서도 배우고 작동할 줄 알아야 삶의 재미를 느낄 수 있다.

최소한 사용하고 소통할 줄은 알아야 타인과의 대화나 정보의 접근도 가능한 것이다. 직장 생활에서 은퇴하는 대부분 사람이 평상시 꿈이 무언지 물어보면 10에 8은 꿈이 있었나? 하고 되물어 본다고 한다. 그만큼 조직 내에서는 자기 생각을 갖고 미리 준비하는 사람들이 드물다. 데카르트의 "나는 생각한다. 고로 존재한다." 언급처럼 인간은 생각하는 존재다. 그렇지 않으면 사는 대로 생각할 뿐이다. 자기 합리화와 이유와 핑계로 더는 성장할 수 없는 존재가 될 뿐이다. 내가 생각하고 생각 한 대로 살아가기 위해서는 책을 통해서 나름 자기 생각을 하고 자기 꿈과 목표를 위해 자신을 관리할 줄 알게 되고 목표에 도달하기 위한 과정도 치러야 할 과정으로 당연하게 인식할 수가 있다. 새로운 생각의 변화를 주기 위해서라도 주변 환경에 책을 두고 새로운 생각이 자기 가슴을 울릴 새로운 동기부여를 찾을 수 있도록 내면의 축적 과정을 은퇴 전부터 노력해야 한다. 직장인들이 왜 대부분 꿈이 없었을까 나름대로 생각해 보면 현실의 순응하기 때문이다. 현실의 순응은 용기의 무덤이라고 했던가? 용기를 내지 못하고 현실에 순응하면 현재의 만족만 있을 뿐이다. 직장을 평생 다닐 수 없듯이 더군다나 요즘처럼 정년이 빨라지고 정년도 채우기 어려운 시기일수록 자기 생각에 충격을 주어야 새로운 도전을 품을 수가 있다. 미리 준비하려면 지금부터라도 책과 친해지길 바란다. 4차 산업혁명 시대는 전문가만이 제대로 대우받기에 나름 자기만의 차별화를 이루기 위해서라도 자기 직무를 중심으로 자기 브랜드를 위해 사전 준비하는 것이 필수라고 생각한다.

나는 일반 관리자로 직장 생활하고 나서 평상시 관심을 많이 두었던 리더십과 소통 변화 주제 중심으로 책을 읽어 왔었다. 10년의 책 읽기 과정을 통해서 노트에 정리된 나름의 정리된 노트가 나의 결과물이다. 최소한 내가 명예퇴직 후 꿈이란 걸 갖지 못하다가 일인 지식 전문가 과정을 통해 브랜드 개념과 이름 명명하게 된 것도 보면 10년간의 책 읽기를 통해서 가능하지 않았나 생각이 든다. 비록 현재 아무것도 밥벌이도 못하지만 일련의 필요한 과정이 쌓여야 상품으로 가치가 있듯이 더 많은 과정의 축적이 필요할 뿐이다.

책은 삶의 희망성과 긍정성을 늘 제시한다. 사람은 원래 부정적 인식이 7할 이상이라고 한다. 이 글을 쓰면서도 지금까지 쓰고 있을 거라고 생각하지 못했다. 다만 하루하루 필력의 양을 채워 가다 보니 현재에 이르게 된 것이다. 부정적인 생각에 빠지면 모든 것을 포기하기가 쉬워진다. 그래서 늘 다른 생각이 필요로 하는 것이다.

나이는 숫자에 불과하다. 나이 50을 넘었다면 이제는 인생 후반전을 준비하고 또 험난한 후반전을 또 맞이해야 한다. 제대로 삶을 대면하기 위해서라도 책과 친하지 않으면 친해지는 방법부터 찾고 준비 연습하도록 하자. 대책 없이 조직에서 나오면 그만큼 준비 기간이 길어진다. 조직 내 있을 때부터 자기 생각을 하고 미래를 위한 자기 꿈을 갖도록 하자. 자기 인생 자기가 개척해야 할 뿐이다. 삶의 무게를 견디기 위해서라도 책과 친해지는 기초를 지금부터라도 쌓아나가자.

나는 매일 책을 읽는다

나 역시 매일 책 읽는 습관을 지니지 못했다. 10년 전에 회사 생활을 하면서 주말에 이용하여 동네 도서관을 이용하다 보니 나름의 습관을 통해서 주말을 이용하여 책 읽는 습관을 지니게 된 것이다. 독서를 하게 된 계기를 마련하는 것이 중요한 것 같다. 단순히 책을 읽어야겠다고 마음먹는 순간 지속하기가 쉽지 않다. 그래서 가슴을 울리는 동기부여가 되어야 지속할 가능성이 높은 것이다. 우리나라에서 꾸준히 독서 하는 인구가 대략 10% 내외인 오백만 인구가 책을 꾸준히 본다고 한다. 자기 성장을 위한 나름의 자기 목표나 꿈이 마련되어야 지속할 힘 내면의 열정이 쌓이는데 직장을 생활하면서 조직 생활 이후의 꿈이나 목표를 갖기가 쉽지 않듯이 사전 준비 과정은 본인 스스로가 찾아야 할 수밖에 없다.

윌리엄 제임스는 "인간은 생각대로 움직인다."라고 말했다. 그 말이 나의 가슴을 울려서 나름 내 생각을 바르게 하기 위한 시간 관리를 무얼할까 자문하면서 나름의 내린 결론이 독서였다. 책을 보기 시작한 지가 10년의 세월이 지나갔다. 때로는 왜 내가 책을 읽기 하면서 읽고 나서 보면 책 내용의 기억도 전혀 나지 않고 왜 책을 읽으면서 굴곡의 과정도 몇 번 겪었다. 목적 없는 책 읽기를 하다 보니 내 만족만 이르게 된 것이다. 그래서 올봄 일인 지식 기업 전문가 과정 교육을 통해 목표와 꿈을 세팅하면서 독서 방법에 대해서도 다른 방법으로 책을 읽어야 하겠다는 마음가짐으로 다시 시작하는 중이다.

시중에 독서법에 대한 많은 책도 있지만 내가 실천하고 따라야 하겠다는 독서법은 "본깨적" 독서법이다. 내가 스스로 스케줄을 계획하고 관리하고 점검한다. 3P 프로 과정을 듣고 나서 나의 스케줄 관리를 하면서 읽을 책도 선정하고 매일 같이 일정 관리한다. 주말마다 스케줄을 계획하고 성과를 비교하다 보니 전에 보다는 효율적이다. 나만 왜 이렇지 자책할 필요가 없다. 타인과의 비교보다는 자신이 무엇을 원하는지부터 다시 점검해보는 계기를 마련해 보자. 자기 동기 부여만 된다면 주변에서 책 관련 모임이나 교육을 통해서 자기 계획을 전보다는 쉽게 적용할 수 있게 된다.

현실을 냉철하게 받아들여야 자기 계획이 나올 수가 있다. 핑계도 내 선택이다. 중요한 것이라고 결정하는 것도 내 선택이다. 이 바쁜 세상에서 한가하게 책이나 읽으면서 성장한다는 사실에 대해 머리로만 공감하기 때문이다. 결국, 자기 합리화가 다른 선택을 방해하는 것이다. 책을 읽었다고 모두가 성공하는 것이 아니다. 누구나 책을 읽으면 좋다는 것을 안다. 하지만 시도조차 하지 않게 되면 영영 책과 친해지지 않는다. 제일 중요한 자신의 내면을 변화를 줄 수 있는 자기 동기부여를 찾아 나가자. "사람이 책을 만들지만 책은 사람을 만든다." 책의 주는 진리에 믿음을 주어보자. 이래도 내 선택, 저래도 내 선택이지만, 진리에 충실히 따르면 평범한 사람도 책을 통해서 주체적인 삶의 의미를 깨닫게 되어 온전한 자신으로 찾아갈 수 있다. 책을 읽다 보면 자신에 대해 질문하는 힘이 생기고 나와 남 자신과 더불어 사는 인간애에 대해 생각의 크기가 확실히 커진 것을 나 스스로 경험하게 된다. 평범한 사람도 책을 읽고 인간을 이해하고 더불어 같이와 의미의 가치를 생각하게 된다. 나도 모르게 읽었던 문장이 나에게 오로지 이동되었기 때문이다. 에릭 테코스는 "삶의 주인이 되고 싶다면 원하는 것과 원하지 않는 것을 스스로 통제하라." 라고 말했다. 자기 삶이 누군가에 그동안 속해 있었다면 자신을 위한 삶을 살기 위해 무엇이 필요한지부터 자문해 보아야 한다. 자기 선택권이다.

조직 내 속해 있는 삶은 조직의 울타리가 안전하게 느낀다. 그러나 안전한 느낌만으로 살아갈 수가 없지 않은가? 시간이 되면 나올 수밖에 없는 우물 안 개구리에서, 새로운 세상을 책으로부터 간접 경험해 보아야 나중에 일이 닥쳐도 자기 뜻에 따라 움직일 수가 있다. 닥치고 나서 시작하게 되면 현실에서의 수많은 시련은 오로지 자신이 견디어야 할 몫이 된다. 그래서 간접 경험한 책은 시련에 대해 희망성과 긍정성을 제시해준다.

현재 나의 모습은 그동안 배우고 경험했던 것에 지나지 않는다. 그래서 자기 불완전성에 빠져 자기를 비하하고 자책하고 삶의 가치를 스스로가 낮출 가능성이 높으니 우리가 운동을 통해서 근육도 내 것이 되듯이 책 읽기를 통해 사전 근육도 미리미리 채워 나가야 한다. 그래서 중요한 것이 현재를 받아들임이라고 생각한다. 현실을 인정하지 못하면 뜬 생각이나 잡생각에 빠져 자기만의 상상력에 빠져 자기 굴레의 집을 짓는다. 그러다 보니 남의 조언이나 좋은 말도 부정적으로 받아들여 새로운 것이나 자기를 위한 조언도 남의 얘기로 받아들이니 자기 성장이나 발전에 아무런 도움을 주지 못하는 경우가 종종 있다.

사람은 자기 합리화에 능숙한 동물이다. 그래서 늘 이유와 핑계로 자신을 합리화하고 하곤 한다. 고도성장을 이루었던 30년의 세월이 지나고 성장의 혜택도 경험했던 베이비붐 세대들이 매년 백만 명 가까이 은퇴하고 있다. 지금은 공공기관을 제외하고는 40세만 지나도 은퇴해야 하는 시기인 만큼 시대의 흐름도 이해하면서 준비해야 하는 시기이다. 조직 내에서 익숙해 있던 수직 구조적 일사불란한 일의 형태에서 개인의 창의와 전문화를 바탕으로 한 자기 지식기업이 앞으로는 분명한 한 패러다임이 될 수가 있다. 미국의 경우에도 향후 20년 내외 프로젝트 중심으로 모였다 흩어졌다 일인 전문가들이 30% 이상 직업군을 이룬다고 하니 시대의 흐름 속에 과거에만 안주하지 말고 읽고 깨닫고 쓰면서 자신의 인생 이모작, 삼모작을 준비해야 한다. 새로운 시대의 출현이다. 단순히 정답을 찾기에 익숙해 왔던 세대들이 이제는 정답이 하나가 아닌 정답이 없는 시대의 흐름 속에 사는 시대다. 그동안은 하고 싶은 일 보다는 해야 할 일에 우선으로 하다 보니 조직 생리에 최적화된 인간으로만 생존하다 보니 자기 생각이나 자아 자존감은 다른 나라 이야기일 뿐이었다.

유달리 집단의 문화에 종속되었던 과거의 직장인들이여! 생존 만능이 경쟁을 통해서만이 아닌 인간의 따뜻한 인간애를 바탕으로 선한 영향력을 발휘하는 잘 알지 못하는 개인 커뮤니티들이 의외로 많다는 걸 최근에 보면서 세상은 한 면이 아닌 양면이 존재하는 걸 주변을 통해 경험하면서 공감해 본다. 아직 경험해 보지 못한 세상은 불안하고 두려움의 연속일지라도 삶은 그냥 살아가는 것이다. 살아가는 방법은 제각각이다. 하지만 처음에는 두렵고 과정의 어려움이 있더라도 끊임없이 지속 하는 힘을 가지면 삶은 또 다른 희망을 내포하게 된다. 책 읽는 과정이 어렵고 힘들더라도 자기만의 독서법을 통해서 하루에 반 보씩만 나아간다는 목표를 두고 진행해 보길 바란다.

마더 테레사는 "어느 하나에 익숙해지면 자연스럽게 다음 단계로 이르게 된다. 각각의 단계에서 자신을 그저 내맡긴다면 필연적으로 삶은 더욱 순조롭고 더욱 기쁘게 더욱 평화로워질 것이다."라고 말했다.

경험하지 못한 세계는 늘 두렵고 불안하다. 책 속의 진리가 무엇인가? 평범한 대부분 사람이 공감되는 것이 진리가 아니겠는가? 몇 사람의 특정인만이 아닌 평범한 대부분 사람에게도 단순하게 이르는 길은 책 속에 대부분 공감하게 되어 있다. 다만 실천이 뒷받침되는 정도의 차이만 있을 뿐이다. 나 역시 주말 독서를 통해 책 읽는 습관을 자리 잡아서 처음에는 막연히 언젠가는 나의 글을 써보아야겠다는 마음가짐으로 이 순간까지 오게 된 것도 만남의 인연 속에서 작가를 만나고 글쓰기에 도전하는 계기가 된 것 같다. 사람의 변화는 나의 생각 프레임을 어떻게 잡고 내가 선택하느냐 지속 하느냐의 차이로 조그만 결과물로 나온다고 생각한다. 아주 작은 반복의 힘을 믿어 보자. 안락한 조직 생활에서 벗어나 또 다른 세상에서의 글쓰기가 평상시 고정 관념은 도전조차 꿈을 꾸지 못했을 것이다. 다만 하루하루 지속 하는 힘을 통해서 나도 했듯이 여러분도 책 읽기를 통하면 쓰는 힘도 생긴다고 자신 있게 주장한다.

절대 포기하지 마라. 포기하면 다시 시작하기 어렵다. 잠시 휴식이 필요할 뿐이다. 휴식을 통해서 자신과의 대화를 통해서 아니면 조언가를 통해서 자신만의 동기 부여를 위해 진솔하게 대화해 보자. 타인의 삶에 자신을 맞추면 자기만 뒤떨어진 것 같아 자존감이 떨어진다. 나 스스로 하지 말아야지 하면서도 누누이 경험했다. 다만 자기 주인으로 살기 위해서는 자신의 존재감을 믿고 아껴주자. 언제든 마음이 흔들릴 때 나는 나 자신에게 되물어 본다. "내가 이 길을 제대로 가고 있는가?" 다른 하나는 "지금 하는 일을 포기하면 행복할까?" 한 문장은 책 속에서 한 문장은 이은대 작가를 통해서다. 때로는 포기하고픈 마음이 들다가도 다시 자판을 두드리면서 다른 생각으로 마음을 충전하니까 다시 새로운 의욕이 또 자리 잡게 되었다. 그래서 책은 늘 마음의 희망성과 긍정성을 제시해 주어 또다시 시작하는 마음과 의욕을 갖게 한다. 처음에는 다들 어렵게 출발한다. 큰 욕심을 내지 말고 하루하루 꾸준한 실천이 되도록 다시 동기 부여해보자.

　세상은 늘 동전의 양면이다. 현재 힘들고 어려운 절망은 또 다른 한 면 희망도 같이 존재한다는 것을 희망과 긍정의 터널을 만들기 위해서 오늘부터라도 계속 책 읽는 작은 습관부터 계획을 세우고 실천하고 반성하고 축적되어 사이클이 계속 움직이도록 나름의 사이클을 관리해서 책 읽는 습관을 내 것으로 만들어 보자.

생각하는 힘

사람은 하루에 오만가지를 생각한다고 한다. 생각은 늘 왔다갔다 마음에서 오고 가고 머릿속의 생각이 나의 생각일지 타인에게서 온 생각일지 그날의 다양한 상황을 통해서 다르게 생각할 뿐이다. 인생을 흔히들 날씨에 비유하듯이 햇빛이 쨍쨍 한날 비바람 부는 날 구름 끼고 구름 한 점 없는 맑은 날 날씨의 판단은 좋고 나쁨은 내 판단의 생각 속에 정할 뿐이다. 내가 정한 생각의 굴레 속에 자신의 판단 기준에 따라 생각하기 나름이다. 책 속에 다양한 삶의 진리가 표현되듯이 자기만의 주체적인 생각을 위해서 책 읽기를 통해 작가의 의견에 다른 생각하기가 자기 생각의 근육을 단련하는 힘이라고 생각해 본다.

내 생각의 중심이 없다 보면 내 생각이 전부인 양 자기 생각의 성에 갇혀 타인에 의견에도 자기의 논리와 이유만으로 회피하거나 핑계만을 댈 수 있다. 인간은 늘 자신이 보고 듣고 살아온 방식에서 벗어나기 힘들다. 그런 방식에서 살아온 자신은 결국 나라는 개인을 만들어내곤 한다. 그래서 늘 양서와 함께

라면 생각의 다양성을 책을 통해서 얻을 수 있고 사람을 통해서 얻을 수 있다. 내 생각이 옳다고 하는 것도 나의 생각일 뿐 타인의 생각도 마찬가지다. 다만 내가 받아들이고 안 받아들이고는 내 자유다. 그래서 다름의 미학을 인정하기 위해 차이를 인정하고 존중할 줄 아는 마음이 우선 필요한 것이다. 자기 삶의 방식은 자기가 만들어 나가고 누가 책임져 주는 것도 아니다. 자기만의 방식과 속도의 차이도 다양하다. 70억의 인구 중 같은 사람이 없듯이 자기 정체성에 따라 자신이 행복하고 내 길은 내가 간다는 주체성은 내 생각을 가질 때만이 생길 수 있다. 남과의 비교 남의 삶의 방식은 허물뿐임을 자기와는 맞지 않음을 탓하지 말고 자기 행복 추구를 위해서 어제보다 나은 나 자신을 위해서만 신경 쓰면 된다. 자기의 생각을 가지려고 내가 중요하게 생각하는 가치관을 스스로 잡게 되면 생각의 중심이 가치관에 의해서 삶의 방향성을 흔들리지 않듯이 내 생각의 가이드를 만들어 중심을 잡는 것도 내 생각을 하기 위한 한 방식일 수 있겠다고 생각해 본다.

자기 생각이 중요하다고 하면서도 '내 생각은 어떻지? 질문하지 않는다. 평상시 생각하는 습관이 들지 않아서다. 어느 주제에 대해서 내 생각은 뭐라고 하지? 그 이유는 무엇이지? 왜냐하면, 이런 이유가 있다는 등 내 생각을 책 읽기를 통해서 아니면 대화를 통해서 신문 사설을 통해 소재는 많이 있을지라도 왜라는 질문을 던지지 않으면 내 생각은 작동되지 않는다. 작은 '왜?' 라는 질문 속에서 답을 찾기 위해 뇌는 가동이 된다. 평상시 외치는 질문이 아니면 쉽게 나오지 않으니 평상시 '왜 그렇지?' 라는 질문을 던져야 답을 찾기 위해 뇌가 작동하기 때문이다. 일상의 반복에서는 생각하는 힘을 키우기 어렵듯이 평상시 훈련되지 않으면 생각하는 힘이 자리 잡기가 쉽지 않다. 그래서 책 읽기를 통해서 사전 연습하고 훈련을 통해 조금씩 향상해야 할 내 생각을 키우는 방법이다. 내가 경험했다기보다는 책에 읽었던 내용의 정리일 수도 있다. 그렇게 읽지를 않았으니 나의 생각 정리가 안 되었음을 되돌아보니 독서 방법상의 갭을 인정할 수 있었다. 10년간의 책 읽기가 나 혼자만의 만족 그동안 책을 읽었다는 자기만족에 지나지 않은 것 같다. 훈련되지 않는 습관은 언제든 책 읽는 기본이 쉽게 무너지듯이 지금 생각해 보면 왜라는 질문보다는 저자의 생각에 받아들임에 중점을 두다 보니 내 생각을 쌓는 연습이 많이 부족했구나 하면서 반성의 공감도 해 본다.

세네카는 "인간은 기꺼이 타인을 위해 자기마저 희생시킬 수 있는 본성을 가지고 있다." 라고 말했다. 하지만 자신이 옳다는 사고방식에 빠지게 되면 타인을 위한 일이 아니고 자신을 위한 일이 되기 때문에 자기 충족에 지나지 않는다. 자기가 먼저 정직해야 한다. 칼 융은 "빛이 밝을수록 어둠을 몰아내는 것이 아니라 빛이 밝히면 밝힐수록 어둠 또한 확대된다."라고 말했다. 인간 내면에서도 언제나 양면을 가지고 있다. 밝은 면 어두운 면 양쪽을 수용해야 자신을 사랑하게 되고 정직하게 되는 것이다. 내면의 그림자도 자신의 일부 분으로 수용해야 나의 부족한 점을 받아들여야 더 나은 자신으로 성장할 수 있기 때문이다. '왜?' 라는 질문이 사라진 교육 현장이나 사회 현장이나 근본의 깨우침이 필요한 것은 왜라는 질문에 언제든 생각하고 답할 줄 알아야 사고하는 힘이 원천적으로 자기 생각을 하게 한다고 점검해 본다.

자기 스스로를 가꾸고 아끼는 말은 자기 생각에서의 출발이다. 자기가 생각의 성을 쌓고 부수고 하다 보면 자신을 안다는 것이 그만큼 어렵다. 자기를 보살펴주어야 그래서 늘 희망을 품는 말 꿈을 꾸는 말 향기가 품어 나오는 말이 자기 생각 속에서 상상력을 발휘해주어야 하듯이 사전 입력인자를 바르게 집어넣어야 세상은 바로 나로부터 나부터가 변하면 세상은 조금씩 변화한다. 그래서 생각하는 힘이 강하다. 생각을 통해서 행동하고 생각하지 못하면 행동하지 않는다. 조그만 행동 변화의 시작은 생각하는 힘으로부터의 출발이다. 링컨은 "사람은 스스로 행복해지려고 결심한 정도만큼 행복해진다."라고 했다. 내가 행복한 생각의 바다에 던져져야 내 행복을 손에 담을 수 있다. 그래서 자신의 우선순위가 무엇인지 선정하는 것도 한 방법이다.

발전하기 위해서는 '왜?'라는 질문이 반드시 필요하다. 개인의 다양성과 창의성보다는 집단의 획일성으로 무장하여 모난 돌이 정 맞는다는 식으로 평범함의 범위에서 벗어나면 다름이 아니라 틀림으로 인식되는 게 현실이다. 특히 집단주의적 사고와 곁에 드러난 스펙이나 간판에 알아서 순응해주는 알아서 기는 문화도 점차 개선되어야 할 문화들이다.

4차 산업 혁명 시대에는 개인의 창의성이 가장 중요하다고 하듯이 지금까지 통했던 해답들이 앞으로는 무용지물이 되거나 사장 되어 더는 쓸모없는 지식수준에 불과해진다고 한다. 구미 선진국들처럼 외국어를 한 가지 정도는 유창하게 하고 자기가 잘하는 요리를 갖고 사회의 불의에 당당하게 맞서고 개인주의의 힘이 사회적 정의에 표출하면서 시민의 권리를 위해 행동하는 모습을 보면 시민 각 개인 생각 중요성과 생각하는 힘을 키우는 것은 바른 세상 더 나은 세상을 위해 기성세대들이 타인을 존중하고 이해하며 다름과 틀림의 바른 인식하에 관용의 정신이 시민들의 자연스러운 상식으로 자리 잡을 때 세상은 더불어 가치의 의미를 진정으로 느껴 마음과 마음이 서로 연결되는 초연결 사회 4차 산업 혁명 시대로 진입할 수 있을 것이다.

다른 선진국에서는 4차 산업 혁명 시대를 맞이하여 예를 들어 에스토니아 경우 인재양성을 위해 5세부터 컴퓨터적 사고를 위해 코딩 교육을 통해 컴퓨터 사고하는 습관을 어려서부터 키워주어 스스로 프로그램을 짜보고 로봇을 움직이게 하고 다양한 경험을 통해서 실수나 실패를 통해서 더 많이 배우고 요즘은 교육 강국 핀란드를 앞서나간다고 한다. 세상의 흐름이 이렇게 빨리 변하는 시간에 우리 학생들은 15시간 정답 찾기에 암기 위주 주입식 교육에 열중하는 학생들의 비교를 통해서 그들이 세상의 주역으로 성장할 때는 더 큰 시행착오가 당연히 나오리라고 생각한다.

엘빈 토플러가 미래를 예언하면서 알고 있는 내용이지만 2020년 720만 개가 사라지고 210만 개가 새로 생기고 지금까지 경험하지 않은 직업이 47%라고 하는데 여전히 우리는 단순한 정답 찾기에 학생들 공부시간을 15시간 이상을 할애한다고 비교한 방송을 보면서 어려서부터의 책 읽기는 다른 생각의 중요성 부모의 고정 관념에서 온 자기 방식의 눈높이가 아닐까 생각하면 씁쓸한 우려가 자연스레 나온다. 내 생각이 아이들에게 최선인 양 내 눈높이를 아이들에게 지우는 것이 아닌지 선진국의 사례를 보면서 느껴지는 바가 아주 크다. 미래의 주역들이 대부분 꿈이 없이 안정적 직업에만 목표를 두고 짐 로저스도 말했지만, 미래의 통일 한국은 비즈니스에서 대박 건수가 되지만 젊은이늘이 공무원에 목을 두는 것은 다시 생각해 볼 일이라고 언급한 것을 보면 우리에게도 다시 생각해 볼 분명한 과제다.

세계는 급속하게 변하고 있다. 지금 현재에는 1조 가치회사 유니콘이 1주일에 한 개씩 등장하는 시대이다. 4차 산업 혁명은 개별 기술이 아니고 세상의 융합하는 세상 가상과 현실이 인간을 위해 최적화된다. 내비게이터가 현재의 데이터를 모으고, 모인 데이터가 클라우드에 저장되고 빅 데이터, 알파고 인공지능을 통해 최적의 길을 알려줘 현실과 가상을 융합하여 인간을 위한 가치를 제공하는 그런 시대에 우리가 살고 있다. 미래의 주역들이 활동할 지금의 학생들이 다시 생각해야 할 의미와 가치들이다. 어쩌면 부모의 눈높이에 의해서 부모가 지정해 준 대로 따라가는 학생이 그만큼 많을 수도 있다. 내가 세상을 보는 방식은 내 눈높이에서 벗어나지 않듯이 내가 알고 있는 경험이나 지식의 한계를 벗어날 수가 없다. 그래서 책을 통한 다양한 지식의 깊이를 성찰하면서 내 생각의 크기를 키울 수 있듯이 내 상식의 굴레를 깨기 위해서는 전문가들의 고견을 진지하게 생각하면서 내 생각의 고정 관념 선입견을 비우기 시작해야 다시 새로움이 내 그릇에 담을 수가 있다. 비워야 채울 수 있는 자연의 이치를 시대의 흐름 속에서도 간파해 내기 위해서라도 내 생각을 키우는 힘은 이타적인 사랑의 힘으로 내가 가진 영향력을 스스로 변하여 내가 주도자가 되면 내 주변에도 선한 영향력이 파급될 수 있도록 선순환 구조를 가지게 된다.

잘났든 못났든 현재를 나를 인정해 주어야 한다. 생각하는 시초는 나 자신으로부터 출발이니까 책 읽기를 통해서 얻는 생각 하는 힘은 목적에 충실하여 새로움을 발견하고 즐기면서 자기 성장이 조금씩 이루어지기 때문이다. 책 읽기 과정의 힘을 믿고 하루하루를 어제보다 나은 내일을 창조하기 위해서라도 스스로 자각해보는 과정의 힘을 지속해 보자. 나 스스로가 행복한 마음으로 시작하면 세로토닌이 분비되어 내가 가장 혜택을 본다. 타인을 돕는 것은 결국 나를 돕는 길이다.

읽은 것을 공유하자

10년 전에 직장 생활을 하면서 처음 독서 습관을 접하면서 처음에는 행복 경영 이야기 사이트를 통해서 매일 같이 받는 이메일 유명인들의 책에 쓴 내용이나 이야기를 사이트 운영자인 조영탁 박사의 글을 접하게 되었다. 나도 내용을 회사 직원들과 같이 공유해 보아야겠다고 생각하면서 매주 1회씩 꾸준하게 이용해 왔다. 그 당시에는 나는 이런 내용도 알고 있소 혹은 이런 책을 읽고 있소 하는 나 잘난 체하는 마음으로 시작하였다.

처음에는 주변에서 좋다는 피드백도 받고 그 과정이 신났었고 남이 나를 어떻게 평가해주나의 나가 중심이 아닌 나를 남들에게 어떻게 보이는 데에만 관심을 두다 보니 피드백이 없으면 괜히 나 스스로 초조해지고 내가 중심이 아닌 남이 중심이 되는 과정의 연속이다 보니 감정의 변동성이 많이 작동되었다. 지금도 생각하면 얼굴이 화끈거린다. 그냥 단순히 좋은 글의 공유를 통해서 내 생각보다는 타인의 생각을 공유하는 것에 지나지 않았다. 물론 내용에 따라 자기감정에 맞는 내용이면 많이 공감된다는 의견도 있었지만 한 4년 동안 하면서 처음에는 보여주기식이었지만 나도 모르게 책 읽는 습관은 의무적으로 메일을 보내야 한다는 책임감과 의무감이 내가 책 읽는 습관을 자연스레 들였던 것 같다. 내용 공유를 통해서 작은 기쁨은 읽은 사람들이 내용 공유를 기쁘고 고맙게 보내주는 피드백 내용이 나를 더 신나게 하고 더 잘해야겠다는 의욕도 많이 들곤 했다. 늘 타인의 평가에 목말라 있었다. 그렇다 보니 내 행복은 어디에 생각하면서 남의 평가에 어느 정도 둔감해지면서 책 읽는 자체를 나도 모르게 즐기게 되었고 BDK를 퇴사하면서 작은 회사들을 옮기면서도 주말 독서는 특별한 일정이 없으면 도서관에서 시간을 보내는 걸 당연시했고 이런 작은 습관 속에서 블로그 하는 것도 배우면서 틈나는 대로 책의 중심 내용 간단히 나의 생각 정립 정리하면서 루틴의 일상이 아닌 하다 안 하다 불규칙적으로 블로그 활동도 해 보았다. 과거 타인의 평가에 목말라했던 것은 나의 부질없음을 공감하면서 누구의 평가가 아닌 나 자신이 목표와 꿈을 위해 공유의 기쁨을 다시 느껴야겠다는 작은 마음이 일인 지식기업 전문가 과정을 통해서 느끼고 제대로 준비해가면서 다시 시작하겠다는 마음도 잡아본다.

나를 알리기 위한 도구가 페이스북, 카카오 스토리, 블로그 등 강의를 주목적으로 하려면 운영하면 자신이 제일 발전할 수 있겠다고 생각하면서 나만의 만족이 아닌 상대방을 위해 얼마나 도움을 줄지를 생각하면서 방향성도 다시 세팅 중이다. 그동안은 나만의 만족에서 벗어나지 않았다. 아직 디지털에 서툴지만, 주변을 통해서 조금씩 준비해 보려고 한다. 블로그 운영을 잘하는 글쓴이 방에 들어가 보면 아낌없이 주는 나무처럼 대다수가 공유를 당연하게 기쁘게 운영하고 있어 주는 사람만이 더 행복함을 느끼는 구나 하면서 나도 좋은 습관을 배우고 따라 해야지 하고 마음먹어 본다. 늘 삶에는 자연의 법칙이 존재하듯이 먼저 주어야 나중에 기대치 않게 받게 되듯이 주는 과정에 나 자신이 더 많이 배운다는 사실을 책 속에서만이 아닌 일상 속에서 한 번 더 공감하게 된다. 뇌의 메타 인지작용처럼 단순히 알고 있다는 의미와 아는 것을 설명을 통해서 상대에게 전달해주는 것은 하늘과 땅 차이가 나듯이 제대로 알기 위함이 결국은 나 자신이란 걸 느껴 본다. 나만 아는 삶 이기적인 삶은 오래가지 못한다. 더불어 가치를 알려면 먼저 주어서 공유의 기쁨을 몸소 체험되어야 나도 조금은 더 성장할 수 있을 거로 생각해 본다. 책 속의 진리가 단순히 이론이 아니라 실제에서도 그대로 적용되듯이 내 마음의 에고를 벗어나 내가 현재 하는 일. 내가 만나는 사람부터 사랑하는 마음으로 출발해 보고자 마음먹어 본다.

아주 작은 습관이 조금씩 성장하는 기쁨을 맛보듯이 공유를 통한 나눔의 기쁨을 내가 먼저 누려보자. 내 전문성을 준비하는 것이 일차적 목표다. 뚜렷한 나만의 전문성을 가져야 남들에게 정보를 줄 수 있고 나만의 글쓰기 내용이 되어야 내 생각을 정립하거나 의견을 제시하거나 블로그를 잘 운영하는 사람들은 세상을 향해 선한 영향력으로 주변으로부터 공유의 기쁨을 많이 누리는 것 같다. 모든 것은 생각으로부터의 출발이다. 바른 생각이 자리 잡도록 책 읽기를 통해서 자신이 느끼며 공감되는 안 되든 자신이 받아들이기 나름이다. 우리가 아침에 일어나면 세수하고 양치질하고 끼니마다 먹듯이 바른 생각이 먼저 출발해야 한다. 행복한 사람일수록 이기주의보다는 이타주의가 앞서 남을 도와주는 것이 자기 행복을 조금 더 느끼게 한다고 한다.

삶의 진리일수록 내가 행동하고 실천함으로 내 습관으로 자리 잡아 책 읽기의 조그만 습관이 나를 더 바르게 인도하고 내가 더 행복해지기 위한 길임을 명심해서 실천해 보자. 사람의 감정도 계절처럼 생겼다가 사라지고 일상에 무상은 없듯이 일상이 힘들어도 다 지나가기 마련이다. 다만 내 고집과 내 프레임에서 벗어나느냐 지키느냐의 차이만 있듯이 평범한 사람들일수록 삶의 진리에 더욱 충실하다 보면 어제보다 나은 나 자신이 서 있지 않을까 생각한다. 매일 같이 좋을 수만 없고 오르락내리락하는 게 길게 보면 인생이라고 하듯이 지금 힘들다고 자책할 것이 아니라 자신이 다시 반등하고 올라갈 수 있다는 마음가짐도 내 마음의 한계를 부정에서 한 번 더 긍정의 방향으로 돌려 더불어의 같이와 의미의 가치를 새기다 보면 길은 다시 새롭게 열리기 마련이다.

생각도 긍정적으로 작동하면 자각을 일으켜 좋은 생각이 나오고 아니면 사각이 되듯이 나의 잣대, 고집, 지식이 나의 눈을 만들었으니 세상은 내가 만들어 나간다. 그래서 책 속의 진리가 내가 실천하는 삶 속으로 반복되어야 진리가 되고 나를 조금 더 성장시키듯이 공유하는 기쁨도 내가 만들기 나름인 것 같다. 지난 3개월간의 일인 지식 기업 전문가 과정을 통해서 SNS 활동도 어떻게 해야 하는지도 배웠다. 카드 뉴스를 작성하고 올리는 방법을 배웠는데 시각적으로 눈에 띄게 하면서 좋은 내용이나 자기 생각을 정리하면서 올리게 되면 자신이 생각하는 힘도 키우고 주변에도 카드 뉴스를 통해서 새롭게 마음가짐을 갖는 사람도 생길 수 있고 나를 중심에서 벗어나 당신을 위한 뉴스가 되면 마음가짐도 본인부터 더 새로워지지 않을까 생각해 본다.

앞으로는 주로 관심을 두었던 셀프 리더십, 소통, 변화 위주로 관련 내용도 많이 찾아가면서 공부도 할 예정이다. 나는 원래 화학 엔지니어 출신이다. 혈액 백 공장도 전문가로 참가하여 운영도 해보고 다양하게 실패도 해보고 그걸 통해서 더 많이 배웠다. 한 제품 품목을 루틴 생산하기 위해서 적절한 전문가, 자본, 시간이 투여되듯이 경험은 살아있는 자본이 된다. 내가 잘 할 수 있는 프로젝트가 내 선택에 상관없이 진행이 안 될 수 있겠다고 생각하고 다른 대안을 찾던 중에 일인 지식기업 전문가 과정을 알고 처음에는 시간을 번다는 개념에서 배우기에 중점을 두었다. 나름 B 계획으로 평소 관심을 두었던 전공과는 무관하게 새로운 일은 하게 된 것도 직장 생활하면서 특히 임원 생활을 하면서 책을 보게 되니까 앞에서 언급한 주제 위주로 책을 보게 되니까 사내 교육도 자연스레 교안 만들고 강의 거리도 마련하기도 하고 인문학적 소양 중심으로 조직 내에서 강의도 자주 서 보게 되었던 경험을 바탕으로 나의 브랜드 개념을 잡고 행동 변화 큐레이터로 하고 개념도 리더십과 소통 위주로 잡아서 나의 브랜드 그릇에 콘텐츠를 잡을 일만 남아 있다. 아직도 많이 부족하다고 느끼어 일인 지식기업 전문가과정을 재수강하는 중이다. 책 읽는 과정에 자신의 강점이 소용이 없을 때는 좋아하는 것으로 방향 전환하는 것도 그동안의 책 읽기 과정이 있었기에 나름 B 계획으로 바로 전환할 수 있었던 것 같다. 일상의 루틴에서 벗어나고자 하면 다른 생각 다른 만남을 통해서 새로운 변화의 기회도 늘 있었다고 생각하기에 준비 과정이 더디고 힘들더라도 절박함이 나를 성장하게 한다는 믿음으로 오늘도 콘텐츠 준비를 위한 나의 시간을 알차게 준비 중이다.

헤르만 헤세의 데미안에 나오는 말이다. "새는 알을 깨고 나온다. 알은 세계다. 태어나려는 자는 세계를 파괴해야 한다."

조직 내의 안락함을 벗어나 더 큰 성장과 변화를 위해서는 현실의 벽인 알을 깨고 나와야 하듯이 혼자 모든 것을 책임지고 알아서 해야 하는 야생의 세계는 더욱 생생하다. 세상의 삶 속에는 다양하게 배울 게 많다. 좋으면 좋은 대로 나쁘면 나쁜 대로 겉으로 드러난 현상과 내면의 본질 속을 볼 줄 아는 지혜는 책을 통하고 사람을 통하고 나름 다양한 과정을 겪어야 내 것이 되듯이 간접 경험인 책 읽기를 통해 어제보다 나은 내일을 위해 자기 스스로가 깨우쳐 나가야 한다. 미리미리 준비해야 한다. 세상은 너무나 복잡 다양해서 많은 삶의 길이 있지만, 사전 경험은 돈 주고도 못 살 귀중한 자산이다. 막연히 아는 것과 확실히 아는 것과는 하늘과 땅 차이다. 인생 이모작을 다시 시작하는 현시점에서는 책 읽기를 통해서 내 가슴을 울리고 같이 공감하고 내 생각의 주춧돌이 되었던 생각의 인자들을 꺼내며 다시 실천하면서 나의 미션에 따라 배움을 통해 자기 성장과 행동 변화로 세상에 선한 영향력을 이바지하도록 도와 드리는 행동 변화 큐레이터가 되기 위해서라도 내가 배운 걸 주변과 공유하면서 인생 이모작을 준비하시는 분이나 미래를 위한 사전 투자로 공부하시는 분들에게 나의 실수담이 누구에게는 사전 경고가 되고 재 시행착오가 되지 않도록 누군가에 조그만 도움이 되고자 인생 이모작을 준비하는 중이다.

　교육을 통해서 누군가에게는 도움을 주는 선한 영향력이 결국은 나 자신을 돕는 길이라는 걸 주변의 선구자나 책을 통해서 단순히 아는 것뿐만 아니라 경험을 통해서도 인지하게 되어 나 스스로가 미션을 위해 이모작을 제대로 준비하기 위해 또한 누군가에는 조그만 도움이 되기 위해 이 책도 쓰는 중이다.

독서 습관이 세상을 밝게

자기 습관이 자리 잡기까지는 최소 66일이 필요하다고 한다. 그래서 지속하기 위해서는 평상시의 관성을 벗어나려는 더 큰 에너지가 필요하다. 처음부터 큰 계획은 쉽게 포기할 수 있기에 자기에게 맞는 작은 계획 바로 실천 가능한 계획부터 시작하여 하루하루 목표에 대한 나름의 실천을 평가하면서 조금씩 성취하는 기쁨 속에 지속할 수 있다. 책 읽는 습관은 보통 3개월이 지속하여야 한다고 하니 평범한 사람들이 책 읽는 습관을 들이기가 여건 어려운 것이 아니다. 우리나라에서 꾸준히 책 읽는 인구는 오백만 정도로 약 전체 인구 중 10% 정도 차지한다. 전반적으로 책 읽는 인구는 줄어들어도 꾸준한 독서 인구들이 책 읽는 양은 늘어나도 줄어든 비율 감소만 더디게 할 뿐이다. 책 읽는 습관은 바른 민주 시민을 양성한다고 생각한다. 단군이 고조선을 건국하면서 홍익인간을 가치로 세우며 나라를 세웠다. 세상을 널리 이롭게 한다. 사람의 생김새가 다 제각각이듯이 사람의 생각도 다양한 생각을 바탕으로 내 생각이 사회에 조금이라도 도움을 주는 행위로 이르기 위해서는 책을 통한 다양한 사고가 그 바탕이 되어야 한다. 맹자가 성악설, 성선설은 주장했듯이 선하니 악하니 논의 하자는 것이 아니다. 다만 인간은 선도 있고 악도 있고 양면을 다 가지고 있듯 이 내 생각만이 절대 옳음의 고정 관념을 버리기 위해서라도 타인에 대한 다양 성을 존중해 주어야 건전한 토론과 토의를 할 수 있다. 이런 면에서는 특히 지 도층이 솔선수범해야 하고 사회 기본 단위인 가정에서부터 가장이 조직의 장 이 사회의 지도층이 나라의 지도층이 먼저 보여야 시민들은 따르게 되어 있다.

그동안 뿌리 깊게 내재한 갑질 문화, 수직적 문화 구조 끝없이 개선되어야 할 사회적 개선 과제들이다. 책 읽는 성숙한 시민들이 많아질수록 세상은 조금 씩 변할 수 있다. 내가 먼저 책을 읽고 바른 생각의 인자들이 내 생각으로 정리 하여 나름의 가치를 만들어 삶의 철학적 토대를 구축하는 사람들이 많아질수 록 세상은 널리 세상을 이롭게 한다는 홍익인간처럼 사회정의가 누구나 공감 하는 정의가 자리 잡을 수 있다고 생각한다. 유달리 마이클 센델 교수의 정의 가 베스트셀러가 되었던 것도 우리에게는 그만큼 정의가 바로 서지 않았다고 느끼는 많은 시민이 있기에 백만 부 이상의 베스트셀러가 되지 않았나 생각한 다. 그만큼 평범한 시민들의 눈높이에는 사회적 정의가 바로 서지 않았다고 많 은 사람이 공감했기에 가능했었다고 생각한다.

인간의 본성은 기원전이나 지금이나 차이가 없지만, 시대의 변화 사회적 변 화에 따라 사람들의 생각은 더 나은 사람, 사회를 위해 조금씩 변해서 지금의 21세기 초연결 사회에 이르게 된 것이다. 사람의 가장 큰 즐거움은 사람이고 역으로 어려움도 사람이다. 사람은 다른 사람과 더불어 살고 서로 도움을 주 고받는 방식으로 상호 작용을 위해 만들어졌다는 사실 평범한 진리다. 책 읽는 사람들이 많아질수록 사람의 역할을 다하고자 노력한다. 사람의 역할을 다하고자 하므로 삶의 가치를 중요시한다. 삶의 가치와 의미를 찾는데, 독서만큼 도움 되는 것이 없지 않은가?

아는 것이 중요한 게 아니라 나부터의 행동 실천이 나를 바꾸듯이 행동을 바꾸기 위해 생각의 크기를 더 크게 넓게 다양하게 입력되어 실천할 때 어제보단 나은 나 자신을 만들고 자신의 확고한 철학적 토대를 갖춘다고 생각한다. 평범한 사람들의 책 읽기가 자연스러운 행동의 습관은 되기 위해서라도 많은 사람이 더 많이 시도해야 하고 실패도 경험하면서 나름의 과정을 겪어야 한다. 우리나라 전쟁 이후 잿더미에서 지금까지의 부를 이룬 것도 빨리빨리 문화와 획일주의가 성장의 큰 축을 담당했지만, 세상은 계속 변하듯이 시대의 요구에 맞는 셀프 리더들이 필요하다. 지금은 시대의 요구에 맞는 키워드에 따라서 융합, 통섭, 다양성, 팀플레이, 수평 문화, 협력과 협업이 먼저 전제되어야 하는데 개인부터 서로를 배려하고 존중하는 습관을 지니며 마음을 여는 개방성이 먼저 필요하고 자신뿐 아니라 모두에게 좋은 영향을 미치는 어른들이 많아야 시대에 맞는 셀프 리더이며 평범한 시민이라고 생각하는 바이다.

주변의 자연에서도 세상의 이치를 배우듯이 자연은 다양성에 포함된 있는 그대로를 추구한다. 마찬가지로 인간적인 삶도 역시 어울리고 공생을 통해서 세상에 공명을 주어 인류 보편적 가치를 우선 하는 사회로 세상은 조금씩 변할 수 있다고 생각하는 바이다.

독서에서만큼 후대에 길이 남을 저서 500권 및 삶의 태도와 일상에서 세상에 본보기가 되는 정약용 선생만큼 위대한 사람도 없는 것 같다. 자신이 시비와 이해에 판단 기준도 결국은 자기 생각에 따라 출발하기에 시비의 출발을 제대로 하기 위해서는 책 읽는 바탕 하에서 출발하는 것처럼 바른 생각이 먼저 자리 잡기 위해서라도 바름의 정의를 제대로 자리 잡고 있어야 한다. 세상의 진리에 충실하기 위해서는 자기의 고정관념을 먼저 버려야 하듯이 내 고정관념을 버리기 위해서라도 읽기 위한 작은 습관부터 만들어 나가자. 내가 할 수 있는 것, 내가 관심 있고 좋아하는 것 위주부터 시작하면 작은 습관이 생긴다. 어떤 것을 얻기 위해서 먼저 다른 것을 주어야 하듯이 다른 불필요한 관성을 먼저 제거해야 한다. 사람은 늘 자기중심적이고 자기 관점에서 벗어나기 쉽지 않듯이 내 고정 관념을 버리고 책에서 새로움 받아들여야 한다.

세상의 선악 판단 기준이 외부에 있는 것이 아니라 나에게 있기 때문에 모든 것은 나부터 시작되는 것이다. 사람을 움직이는 것은 사실이 아니란 생각이다. 사람들은 자신이 사실이라고 믿는 생각을 하고 행동하기 때문에 책을 통해서 먼저 배울 점을 찾아보면 평범한 사람도 정약용 선생처럼 큰 생각을 품고 실천할 수 있다.

현명한 사람은 역사를 통해서 배우고 어리석은 자는 경험을 배운다고 했듯이 평범한 사람에게도 책을 통해서 더 큰 자신의 역사를 만들어 낼 수 있는 꿈이나 목표를 찾을 수 있다. 그래서 책은 사람이 만들어도 책은 삶을 만든다고 하지 않던가? 배우는 기쁨은 삶에 우선순위인 행복에도 깊은 연관 관계가 있다. 모른 것을 알아가는 기쁨은 작지만, 가슴으로 느껴지는 감동은 행복감으로 연결하여 순간순간을 제대로 잘 살아가기 위해서라도 알아가는 기쁨을 책을 통해서 경험해 보자. 책 읽는 과정은 몰입할 수 있는 중요한 과정이다. 몰입은 그 과정에 깊숙이 빠져 오로지 책 속에서 전하는 생각으로만 빠질 수 있고 저자와의 다른 생각을 통해서 나의 생각 하는 능력을 추론할 수 있다.

처음에는 자기계발서를 중심으로 읽다가도 나중에는 인문 고전도 자연스레 연결될 수 있는데 왜 미국의 시카고 대학에서는 정규 교육 과정이 인문 도서 100권 읽기가 정규과정인지 미국의 사립학교는 정규 과정에 고전이 포함되는지 이건 생각의 크기와 자기 꿈이 세상을 위해 조금이라도 이바지할 수 있는 생각의 토대를 학교생활에서부터 만들어 나간다고 생각하는데 역으로 공립학교에서는 어떤 규정에 충실하게 따르도록 표준화에 익숙하도록 튀지 않는 인간을 양성하는 게 교육 목표다 보니 생각하는 힘을 만드는 게 아니라 충실히 규정에 따르는 현실에 반대의견을 내지 않는 무조건 따르는 학생 양산만을 목적으로 하다 보니 사회에서 필요로 하는 셀프 리더의 모습과는 다소 차이가 있다고 생각한다.

생각의 크기에서 차이가 있다. 세계적 리더 치고 고전을 즐겨 읽지 않는 명사가 없듯이 인간 이해에 대한 필수적인 책은 인문학적 고전이 늘 관심을 받을 수밖에 없다. 인간은 생각하고 상상하고 우리 삶 역시 수많은 생각으로 이루어졌듯이 인간을 이해하고 인간성을 향상하는 데는 인간을 위한, 인간애를 위한 인문학적 능력은 21세기 인간관계를 위해서라도 계발되어야 할 능력이다.

내가 나를 사랑해야 하듯 타인을 대하는 마음은 나를 대하는 마음이다. 나와 남이 받침 하나 차이지만 인문학적 소양은 타인을 내 마음처럼 사랑하는 마음에서 출발하기 때문에 책을 읽으면 타인에 대한 사랑도 자연스럽게 생기게 된 것이 나도 처음에는 몰랐는데 읽으면서 자연스레 내 생각에 자리잡게 된 경험이 생겼습니다. 내가 먼저 바르고 밝은 생각은 나 자신을 밝고 긍정적인 생각으로 휘감아서 나 자신의 삶에 긍정적 정서와 행동으로 이끌어 준다. 나 자신이 변하면 주변에는 바른 영향을 미쳐 주변에도 영향을 미치면서 선순환 구조를 가져서 가장 작은 나부터 가족, 조직, 사회, 국가, 세상의 영향력은 더 커지게 된다. 너무 거창하게 언급했는지는 모르겠지만 작은 나부터 변하면 주변에도 영향력이 분명하게 미칠 수 있다는 것이다. 밀란 쿤데라는 "책을 안 읽은 사람은 한번 인생을 살지만, 책을 읽은 사람은 여러 번 인생을 산다." 라고 말했다. 자기 성장을 위해서는 여러 번의 간접 경험을 위해서라도 책 읽는 작은 습관부터 잡아가자. 사람은 읽는 대로 성장하고 읽을 때 성장하는 것이며 미래를 사전 준비하는 것이다. 미래를 사전 준비하기 위해서라도 자기 중심성을 벗어나 전문가들은 어떻게 제시하는지 책 속에서 제시하는 다양한 의견 속에서 무엇을 받아들일지 내 생각은 어떻게 접목할지 등 미래의 적극적 대비를 위해서라도 미래의 시각에서 현재를 바라볼 수 있다.

앞서나간 사람들은 미래에서 현재를 본다고 한다. 대부분 사람이 현재의 시각에서 미래를 보고 전문가와 보는 방향이 정반대이다. 왜 그럴까? 사고 통찰의 깊이 차이가 있기 때문에 세상의 본질을 볼 줄 아는 지혜가 그들에게 있기 때문이다. 대부분 평범한 사람은 보이는 현상에만 집중하고 내면의 본질은 보이지 않는다. 생각하는 힘은 다양한 책을 통해 내 고정 관념을 없애고 새로움을 받아드리고 사색하는 힘에서 양면을 볼 줄 아는 것이다. 자기 성장에 의지를 가진 분들이라면 먼저 책 읽기 습관을 들여 먼저 셀프 리더가 되기 위한 다양한 자질을 먼저 준비해야 한다, "성을 쌓는 자 망하고, 길을 내는 자 흥한다." 고 책 읽기에 길을 먼저 만들어야 한다. 내가 행복하려면 나를 잘 가꾸어야 하듯이 나의 내면을 책 읽기를 통해서 마음의 평정심을 유지하면 양면을 볼 줄 아는 식견도 나름 생길 수 있다. 자기만 아는 이기적인 세상 하지만 책을 통해 내가 선한 생각을 하고 주변에 조그만 도움이 되고자 한다면 먼저 자신을 갖추어야 남을 도울 수 있듯이 오늘 하루도 준비를 위해 최선을 다한다.

독서가 내 행복을 키워준다

하루하루를 연결하다 보니 여기까지 왔다. 마지막 장을 쓰면서 누구나 행복하기 위해서 행복을 외치면서도 언제나 외침으로 끝난다. 어떻게 해야 더 행복할까? 자신을 위해 행복함이란 무얼까? 10년간의 책 읽기 내 목적 없는 책 읽기는 내 만족에 지나지 않았던 것 같다. 행복에 관한 영상을 보면서 전문가들이 언급한 것을 보면서 나름 공감되는 것이 많았다. 내가 생각했던 부문과 많이 일치도 보인 것이 사람들이 생각하는 행복도 평범한 시민들이 느끼는 공감대와 차이 없음을 알게 되었다. 지난 과정을 보면서 내 생각이 나를 긍정성이냐 부정성이냐를 스스로 만들어 나가는 것 같다. 성철 스님의 "산은 산이요 물은 물이로다."라고 말했다. 입적 당시에는 전혀 공명이 없었지만, 책을 읽고 나서 진리는 단순하고 간결하면서 울림을 주는구나 하면서 정리해보면 마음은 늘 왔다 갔다가 하는 게 인간의 본성이다. 있는 그대로를 보지 않고 자기 생각에 쌓여 자기 관점에 따라 각색하는구나. 좋고 나쁨도 내 관점의 생각 이동에 따라 언제든지 변할 수 있으니 왜 누구보다도 종교인들의 평정심이 뛰어나고 자기 행복을 추구하는 사람들은 늘 깨어 있음을 알게 되어 이장을 정리하면서도 내 선택에 특별히 행복함을 느껴본다.

시대의 변화에 따라 유행하는 형태로 달라지듯이 모두가 "잘 먹고 잘 살자." 하면서 웰빙이 테마로 올라오더니 다시 "오륙도, 삼팔선 이태백" 하면서 힐링이 다시 올라오고 요즘처럼 행복이 화두로 올라온 것도 시대의 변화에 따라 관심도의 늘 변해 간다. 행복 관련 영상이나 책을 보면서 단순히 행복도 마음먹기로 가능하다고 생각했는데 훈련을 통해서 행복하기 가능하다니 의외였다. 행복도 훈련을 통해서 충분히 가능하다는 내용 보면서 다시 행복도 생각할 수 있었는데 행복은 내 마음속에 있다. 화두를 던지면서 이 세상에서 가장 행복한 사람이라고 알려진 미스터 마티유씨를 예를 들면서 그는 1972년도 미국 미생물학자였고 노벨상을 받은 교수 밑에서 유능한 학자이었지만 모든 걸 접고 티베트의 수도승이 되었다. 그의 뇌를 MRI로 뇌를 스캔해보니 좌측 전두엽 유난히 활성화되어있는데 좌우 전두엽에 불균일성이 나오는데 행복감이 높을수록 좌측 전두엽이 활성화되고 역으로 불행한 사람은 우측 전두엽이 활성화된다고 한다.

마티유 씨는 행복에 대해 "건강한 육체에서 나오는 충만한 느낌"이라고 말했다. 충만한 감정은 정서적 균형 상태라고 언급하면서 두 가지 특징이 고통으로부터의 자유와 즉 분노, 증오, 질투, 탐욕, 공포심, 두려움에 벗어날 수 있는 정서적 안정 상태와 감성 지능 상태 이는 훈련을 통해 개선할 수 있다는 것이 요지다. 뇌 가소성 특성에 따라 정서적 균형을 유지하는 과정에서 자극과 반응 사이 선택하는 힘, 집중하려는 힘 속에서 뇌의 좌측 전두엽은 활성화된다. 요는 자신의 근육을 단련하는 것처럼 감정의 이동을 인정하는 것이다. 지금 감정이 들어 왔구나 하면서 내 감정을 한 박자 쉬어가는 느낌이랄까? 그리고 타인을 대하는 이타적인 마음 타인을 자기 마음처럼 자비를 실천하고 친절하라. 요는 내 생각을 바꾸고 자비를 실천하면 행복해진다는 요지다. OECD 34개 국가 중 33위 행복도를 지닌 나라 현재의 대한민국이다. 앞으로는 행복학이 하나의 교과 과정으로 체계적으로 배웠으면 한다. 행복한 사람이 많을수록 사회는 살기 좋은 행복한 세상이 되니까 개인이 알아서 할 게 아니라 4차 산업 혁명 시대 진입에 맞물려 전 국민의 관심사인 행복에 대해 학교 교육 과정부터 체계적인 교육과 훈련이 필요할 것 같다.

마음의 평정심을 얻는 방법이 명상도 많이 언급하는데 나는 명상을 경험해 보지 못해서 뭐라 말은 못 하지만 책 읽기를 통한 마음의 평정심은 읽는 동안 여러 번 경험 했지만, 감정의 변동성에서 다양한 현실 상황에 따라 문제는 자극과 반응 사이에서 내 감정의 성에 쌓여 내 감정에 하나가 되면 불안감이 엄습해 오기에 내 감정을 인정하고 이런 감정이 들어 있구나 하면서 인정하는 마음으로 선택할 수 있다면 하는 시간의 과정이 더 필요했던 것 같다.

습관이란 것이 반드시 지속하는 과정이 필요한 것처럼 감정의 선택에 즉각적인 반응이 아니라 감정을 인정하는 사이 공간을 더 현명하게 대처해야 하는구나 하면서 느껴 본다. 자비와 친절 모르는 게 아니고 실천안 함이 문제이듯이 책 읽기가 단순히 머릿속에서 움직여서는 행동 변화가 없고 생각의 성만 굳건히 다지는 결과로 되돌아올 수 있다. 그래서 책 읽기를 통해서 생각이 행동의 변화로 이어지기 위해서는 자신을 투영해서 적용할 실천 항목을 계획하여 꾸준히 실천하는 길 외에는 왕도가 없다. 따라서 긴 과정의 훈련이 필요하다. 나의 인생을 살기 위해서는 다시 자신의 로드맵을 계획 하면서 책 속의 진리에 충실하도록 하루하루 최선의 삶 속에 자신만의 습관을 이루어야 가능하다. 10

년간의 나의 책 읽기가 목적 없는 내 만족으로만 끝났지만, 이 글을 정리하면서도 수없이 책 읽기에 실패했던 평범한 사람에게도 대부분 사람도 실패하는구나 누구에게나 실패는 있기 마련이다. 목적 있는 책 읽기를 통해서 어제보다 나은 행복한 자신을 만들어 가시기 바란다.

레프 톨스토이는 " 인간의 운명은 그 생각의 흐름을 따른다. 인간은 생각으로 자기 삶을 내다보고 또 만들어가는 존재이다. 생각은 우리를 지옥으로도 천국으로도 보낼 수 있다. 이는 천국이나 지옥이 아닌 현재의 삶에서 일어나는 일이다. 진리를 추구할 때 비로소 삶이 시작된다. 진리 추구를 중단할 때 삶은 끝난다. 우리의 삶과 생각은 서로 같다. 삶은 마음에서 시작되어 생각으로 형태 지워진다. 좋은 생각으로 말하고 행동한다면 기쁨으로 그림자처럼 그 뒤를 따라 다닌다." 라고 말했다.

내가 준비되기 위해서는 먼저 책을 통해 다양한 지식의 축적이 먼저 이루어져야 하듯이 책 읽기가 사전 준비 운동이라고 생각하는 것도 한 방법이다. 행복의 관점에서 불가에서 말하는 "무재칠시"재물이 없어도 자비를 실천하는 방법이 있다. "화안 시 온화한 얼굴로 화내지 않고 부드럽고 평온하게 남을 대하는 것. 언시 말로 베푸는 것으로 따뜻하고 온화한 말 상대에 대한 진심 어린 칭찬과 위로 격려의 말을 전하는 것. 심시 따뜻하고 자비로운 마음으로 상대의 마음의 문을 열고 진실한 마음으로 대하는 것. 안시 눈으로 베푸는 것으로 부드럽게 호의적인 눈길을 주는 것. 신시 자신의 몸을 사용해 남을 돕는 것으로 봉사와 친절을 베푸는 것. 상좌시 다른 사람에게 자리를 양보 하는 것. 참시 상대방이 말하기 전에 그 사람의 어려움과 마음을 살펴 도와주는 것." 늘 머릿속에 아는 것과 아는 것을 실천하는 것이 다르듯이 진리에 충실함은 누구에게나 친절한 마음을 행동으로 실천하는 삶이다.

내가 행복하기 위해서 타인을 내 몸 같이 돌보는 마음이 되어야 "무재칠시"가 머릿속에서만이 아닌 습관의 일상 행동이 되기 위해서 현재 내 주변에 있는 사람부터 내가 대하기 나름이다. 자기 에고에서 벗어나려면 내 마음이 선한 이타적 마음이 우선되어야 에고에서 벗어 날 수 있듯이 실천을 통해서만 자기 행복감을 지속시킬 수 있다. 무주 상보시라는 말도 들은 적이 있는데 내가 무엇을 했다는 생각을 버려야 자만심이나 우월감에서 벗어난다고 하니 마음의 에고에서 벗어나는 것도 내 마음속에 무엇을 했다는 상을 버려야 자비를 실천하지 않을까 한다. 생각의 근육이 오랫동안 마음의 깨달음 속에서 조금씩 쌓이듯이 내 행복함을 유지하기 위해서는 에고가 들어오면 내가 에고가 들어오는구나 인정해주어야 순간의 멈춤을 통해 순간을 빠져나올 수 있다. 역으로 열등감이나 억지로 무언가를 해야 할 때는 불행한 마음이 든다고 한다. 자기 비하나 상대와 비교는 늘 자기 존중감을 떨어트릴 뿐이다. 내가 행복하기 위한 생각은 나를 인정함이다. 부족하면 나름대로 개선하고 노력해서 탈피하면 될 뿐이다. 억지로 나를 인정 안 하면 에고의 굴레는 더욱 나를 좁혀 올 뿐이기 때문이다. 세상일은 하루아침에 이루어지지 않듯이 하루하루의 일상의 삶에서 꾸준히 최선을 다해 노력해야 그것이 모여 나중에 나의 행동거지 습관으로 나올 뿐이다. 책 읽기를 통해 행동의 실천으로 변하지 못했다고 자책하지 말자. 대부분 평범한 사람들이 실패의 연속이다. 다만 생각의 틀이 커지고 내 행동거지에 대해 생각할 줄 알고 읽음을 통해서 내 행복감을 알고 나 자신의 큰 성장을 위해 책 읽는 방법을 달리해서 실천적 좋은 습관을 지녀 내가 행복한가의 주체적 결정권자는 나임을 알고 늘 나는 행복한가? 질문을 던져 보자.

행복의 다양한 방법론 고통으로부터의 자유로움, 자신이 유능함을 지속하기, 주변 관계와 연계된 행복감, 책을 통한 호기심을 충족시키기 위해 책 읽는 삶은 늘 삶의 긍정과 희망을 제시해 준다. 읽는 과정의 경험 속에는 다양한 스토리도 생산될 수 있다. 책 읽는 삶의 스토리가 자신을 성장시키고 행복감을 더 느끼게 해주므로 포기하고픈 마음이 들 때는 그때는 잠시 쉬어가고 끈을 놓지 말아야 한다. 평범한 사람에서 성공한 사람은 늘 자신의 목표나 꿈에 열정을 가지고 지속했기 때문에 목표나 꿈에 도달한 것이지 우연히 이루어진 것은 없다. 단지 반복되는 노력의 결과일 뿐이다. 그 노력의 결과가 자신에게 먼저 행복을 준다. 설령 과정이 어렵고 힘들더라도 과정을 즐기자. 내가 행복해야 주변에도 행복감을 더 느끼게 하듯이 삶의 진리도 내 행복을 찾는 것도 책 읽기를 통해서다.

마치는 글

7월경에 주제를 받고 시작하여서 몇 개월을 글쓰기에 집중하다 보니 이제 마치는 글을 작업 중이다. 세상 일이 뭐든지 처음에는 어렵더라도 조금씩 하면서 축적이 되고 생각의 여유도 찾고 나 스스로 수고했다고 격려해주고 싶다. 배우느라 아직은 밥벌이도 못 하는 가장이지만 이것도 과정의 축적이라고 생각한다. 아내한테 너무나 미안하고 고맙다는 말을 먼저 전하고 싶다. 나 자신과 싸움에서 포기하지 않고 여기까지 올 수 있었던 것은 주변의 도움이 크다. 교육 과정 동안 같이 배우고 했던 동기들의 조언과 격려가 흔들리는 마음속에서도 잡아갈 수 있도록 해주어 너무나 감사하다.

책은 늘 사람들에게 삶의 위안, 희망, 긍정적인 마음을 준다. 비록 어렵고 힘들더라도 다시 시작해보게 하는 마력이 있다. 이 책을 쓰는 가장 큰 이유가 나의 일인 지식기업 전문가 과정에서 내가 해야 할 도전 과제이기에 나 에게는 큰 기쁨으로 다가온다. 그동안 단순히 읽기에만 염두를 두다 보니 행동적 실천은 아직도 부족하지만, 세상을 건전하게 살아가는 평범한 시민의 한 사람으로 바른 생각과 바른 행동으로 사회에나 가정에나 내가 먼저 솔선수범하고 내가 먼저 바뀌어야 만이 세상은 조금씩 진보된다는 평범한 진리를 다시 한번 얻게 된다. 때로는 객관적 관점으로 때로는 주관적 관점으로 나름의 시각에서 책 읽는 삶을 위하여 과거 했던 경험과 다시 시작하는 각오와 함께 하루의 필력 양을 채워가면서 지나왔던 한여름 내내 당장 한 줄도 못 나갈 때의 초조함도 이제는 담담히 받아들인다.

쓰면서도 나름의 가장 크게 깨달은 것은 마음의 부정성이 앞서면 절대 앞으로 나갈 수 없다는 사실을 긍정적인 마음이 되어야 조금이나마 써 내려가면서 또 다른 생각이 들어 올 수 있다는 사실을 어제의 나와 오늘의 나는 같은 사람이지만 순간마다 매번 다른 이유의 성을 쌓기도 하고 부수기도 하고 생각의 받아들임을 통해서 한 발짝 나를 떨어져 볼 수 있다는 사실 나의 생각이라고 하면서도 감정의 마음이 이유를 만들어낸다는 사실을 인지하면서 불가에서 말하는 '모든 것은 내 마음먹기에 달려 있구나.' 평범한 사실에 공감해 본다.

아무런 준비 없이 퇴직 후 3개월간 도서관에 출퇴근하면서도 앞으로 무엇을 할까라는 고민에서 벗어나 그냥 책만 읽었던 막연함에서 '처음 계획한 프로젝트가 시작되면 다시 시작해 볼 거야' 하는 마음으로 기다림에서 벗어나 '가능성이 없구나' 인정하기도 5개월이 더 소요되었다. 생각의 매듭을 짓는 것도 총 8개월 정도 걸렸다. 다른 대안으로 일인 지식 기업 전문가 과정을 통해서 잘하지는 못해도 좋아하는 것을 선택해서 지금 준비 과정을 거치면서도 과정마다 고비 속에서도 꾸준히 버티는 힘이 다른 모든 것과 마찬가지로 같게 적용됨을 깨달아 모든 것은 생각하기 나름이다. 다른 시각을 가지게 되어 스스로가 글

쓰는 과정에서 나도 성장하고 있었구나 하고 사람은 절대 한꺼번에 급격하게 변하지 않듯이 세상 모든 일도 나름의 과정의 합 속에서 조금씩 변한다는 사실이다. 개인이나 조직이나 마찬가지로 하루 이틀은 별 차이가 없다고 하더라도 오랫동안 좋은 습관이 붙으면 좋은 습관에 따라서 자기 행동도 조금씩 변화된다는 사실을 4차 산업 혁명 시대를 말하는 요즘에도 세상 모든 각 부분이 조금씩 변화되고 세상의 패러다임은 초연결사회로 개인과 개인 개인과 집단 늘 소통하는 가운데 시대의 흐름에 뒤처지지 않도록 하기 위해서는 선구자들의 세상을 보는 지혜를 책을 통해서 간접 경험할 수 있기에 책은 마음의 양식도 되지만 100세 시대를 살아가기 위해서는 필수불가결 절대 요소가 된다는 사실도 느껴본다.

책과 함께 살아가는 또한 늘 학습하는 태도와 품성이 자기 행복을 지키는 길이며 자존감을 유지할 수 있는 비결이라고 생각한다. 그동안 알게 모르게 타인을 의식하면서 살아왔던 내 모습도 조금이나마 모든 것은 나 자신이 생가의 주인임을 좀 더 다가서는 기회도 된 것 같다. 앞으로 생업을 위해 더 많은 축적과 과정의 합이 필요하듯이 글 쓰는 작업은 이제 첫발을 내딛는 한 발짝일 뿐이다. 다만 나 자신을 전문가로 만들기 위해서는 더 많이 읽고 쓰는 작업이 본격적으로 들어섰음을 의미한다. 우리 사회에 책 읽는 독서 인구들이 많아져야 개인의 성장과 변화로 이어져 사회도 건전하고 생산적인 중산층이 더 나은 사회를 위해 각자 조금씩 기여하듯이 내 생활도 읽고 쓰는 과정이 삶의 일부분으로 자리 잡게 되어 내 삶의 목적성에 존재 이유를 찾아가는 중이다.

조직 내에서는 누구에게나 찾아오는 퇴직의 공포를 진심으로 먼저 준비하는 기간으로 잡고 조직 내 있는 동안 자기 계발을 위해 사전 준비하는 과정으로 실행해서 미래의 로드맵을 만들고 자기와의 대화를 통해서 왜 내가 이 땅에서 살아가는 존재 이유를 다시 찾아보는 기회로 삼아서 목적 있는 존재 이유를 만들어 보길 바란다. 나 역시 교육을 통해서 미션을 배움을 통해서 자기 성장과 행동 변화로 세상에 선한 영향력을 이바지하도록 도와주는 행동 변화 큐레이터로 개념과 브랜드 명명을 하니까 생각의 그릇은 미션에 따라 행동이 수반이 된다.

사전에 준비 없이 나오면 위험성은 온전히 자기가 극복해야만 하니 후회를 최소화하기 위해서라도 먼저 준비해야 한다. 최소한 생계수단이 있을 때부터 미래의 준비를 회사와 내가 개인 기업가라고 생각하면서 사전 준비하는 것은 최소 과정이다. 베이비붐 끝세대인 나 역시 50대 중반에 나왔지만 앞으로 퇴직 시기는 갈수록 빨라질 수밖에 없다. 남들과 같은 부류에 쌓여가는 것이 안전함이 이제는 끝나간다. 피터 드러커가 "21세기는 지식 근로자의 시대"라고 언급한 것처럼 자기 전문성을 가져야 팔 수 있는 상품으로 가치를 가질 수 있다. 자신이 준비해서 팔릴 수 있는 콘텐츠를 만들어 내야 생존하기에 자신이 잘 할 수 있는 것 위주로 준비하고 그것이 어렵다면 좋아하는 것 위주로 준비해 나가기 바란다. 앞으로의 인생은 아무도 모른다고 하지만 지금 현재의 합은 과거 내가 했던 행동의 축적된 결과이고 미래 역시 현재의 합이 미래가 될 수 있다. 내가 바른 선택 할 수 있는 선한 과정의 합이 모여 미래를 만들 듯이 좋은 습관은 절대로 배신하지 않는다. 자신의 합리화와 에고를 한 발짝 물러나 자신을 다시 보는 기회를 가질수록 자신을 보는 지혜도 쌓여 간다. 삶은 늘 어떠한 어려움 과정에서도 동전의 양면이 있듯이 현재가 어렵다고 주저앉게 되면 다음 기회는 소실된다. 기회는 꾸준한 과정의 합 속에서 피어날 수 있기 때문이다.

조급하거나 불안해한다고 세상의 변화는 절대 일어나지 않는다. 불안함과 조급함에서의 선택은 늘 후회가 먼저 따라서 온다는 선배의 이야기를 넘겨서는 안 된다. 어느 경우에도 내가 선택할 뿐이다. 내 선택이 바르고 후회하지 않을 선택으로 남기 위해서는 존재의 목적을 찾아 살아갈 이유를 마련하면서 생각의 그릇에 먹을거리를 채워 나가는 과정만 있을 뿐이다. 평범한 사람들 대부분이 책 읽고 쓰기에 실패하고 실수하지만, 자신에게 맞는 방법을 찾아가면 된다. 삶을 살아가면서 책 읽기를 통해서 바른 가치관과 시민이 갖추어야 할 건전한 교양은 나름대로 축적되었다. 꼭 성공한 스토리만이 아니라 평범하게 읽었던 경험도 한 스토리로 만들어 이제는 어제보다 나은 나 자신을 만드는 성장의 기쁨도 평범한 독자와 같이 공유해 보고 싶다.